KURT GUGGENHEIM

SANDKORN FÜR SANDKORN

KURT GUGGENHEIM

SANDKORN FÜR SANDKORN

DIE BEGEGNUNG MIT J.-H. FABRE

VERLAG HUBER FRAUENFELD

3. AUFLAGE 13.–15. TAUSEND
© 1979 VERLAG HUBER FRAUENFELD
DRUCK: GRAFISCHE UNTERNEHMUNG HUBER & CO. AG
FRAUENFELD
EINBAND: BURKHARDT AG, ZÜRICH
ISBN 3–7193–0629–1

FABRE (J.-HENRI), entomologiste français,
né à Saint-Léons (Aveyron), mort à Sérignan (Vaucluse) (1823–1915)

«*Le Larousse pour tous*»

I

Es MUSS an einem Nachmittag im Mai des Jahres 1925
gewesen sein, als ich, begleitet vom Jagdhund meines
Vaters, Thyras mit Namen, das elterliche Haus im
Quartier Fluntern verließ und langsam die Krähbühl-
straße aufwärts dem Adlisberg zuwanderte. Auf der
Höhe, linker Hand meines Weges, hinter einer Baum-
schule junger Tännchen, fand ich am Saum einer Föhrenlichtung einen stillen Platz, wo ich mich niederließ.
Der Vorstehhund setzte sich neben den Hakenstock,
den ich in die Erde getrieben hatte; das Tier befand sich
in Jagdstimmung, seine Nase witterte, und über den
Kieferknochen zeigte die Haut Löcher und Dällen, als
würde sie von innen angesogen. Aus der Seitentasche
meiner Jacke zog ich ein in Halbleder gebundenes Oktavbändchen von Goethes vollständiger Ausgabe letzter
Hand, 1828–1832. Das Buchzeichen, ein verschlissenes,
oben am Bund befestigtes Seidenbändchen von olivgrü-
ner Farbe, ließ mich die Seite öffnen, auf welcher der
bekannte Aufsatz «Die Natur» anhub, von dem es sich
später herausstellte, daß er nicht von Goethe, sondern
von einem Zürcher, dem Pfarrer Christof Tobler aus
Wald, verfaßt worden war, um das Jahr 1780 herum.
Bedachtsam, ohne Eile, voll des Willens, jedes Wort voll
in mich aufzunehmen, begann ich zu lesen, Satz für
Satz. Thyras hatte sich neben mich niedergelegt, den
Kopf auf den Pfoten, mit halbgeschlossenen Augen,
immer noch witternd; manchmal knackte es im Un-
terholz, Insekten summten, die Sonne brannte heiß
herab.

«Natur! Wir sind von ihr umgeben und umschlungen – unvermögend aus ihr herauszutreten, und unvermögend tiefer in sie hinein zu kommen. Ungebeten und ungewarnt nimmt sie uns in den Kreislauf ihres Tanzes auf und treibt sich mit uns fort, bis wir ermüdet sind und ihrem Arm entfallen.

Sie schafft ewig neue Gestalten; was da ist, war noch nie, was war, kommt nicht wieder – alles ist neu, und doch immer das Alte.»

Das Fragment ist kurz, kaum drei oder vier Seiten, und reich gegliedert in Abschnitte, die manchmal nur einen, höchstens drei Sätze enthalten. Ich hatte es schon früher gelesen, doch nicht auf dieselbe Art wie heute, nach solcher Vorbereitung. Das Bedeutsame dieser Stunde lag in den Anordnungen: der kurzen Wanderung in Begleitung des Tieres, dem einsamen Platz am Fuße der Föhren und dem Bändchen in der Seitentasche meiner Jacke. Das kleine Unternehmen war eine Kundgebung; einem unsichtbaren, wohl in mir selbst wohnhaften Zuschauer sollte für eine Stunde jene Lebensweise und jener Gemütszustand dargestellt werden, den sein stilles Kopfschütteln meinte, wenn er machtlos zusehen mußte, wie ich meine Tage verbrachte und meine Zeit inhaltlos vergeudete.

Ich war damals etwa 29 Jahre alt. Seit einigen Jahren schon konnte ich in meinen Tagebüchern, unter dem ersten Januar, regelmäßig den Satz lesen: «Wenn in diesem Jahre das Werk nicht entsteht, wird es nie geboren werden.» Was für ein Werk damit gemeint war, hätte ich nicht sagen können, aber daß es ein literarisches Schriftstück sein würde, das stand außer Frage. Von Zeit zu Zeit verspürte ich eine unsinnige Lust zu

schreiben, einen eigentlichen Schreibtrieb, doch fehlte
es mir am Gegenstand, an dem ich mich hätte erproben
und austoben können. So sind wohl jene Blätter zu erklären, die ich beidseitig, in hundertfacher Wiederholung, mit einem Mädchennamen vollkritzelte.

In mir und um mich herum stand alles schief. Es gab
Tage, an denen ich mich fragte, wieso ich es hatte so weit
kommen lassen. Tief in mir war ich davon überzeugt,
ich tue in allem genau das Gegenteil von dem, was ich
eigentlich hätte tun müssen. Aber dies waren die guten,
die seltenen Tage. An den andern, in der Mehrzahl,
lebte ich vor mich hin, ohne Entschluß, ohne Entscheidung, unmutig, ohne Mut also, ein Jasager, der sich im
geheimen verzehrte ob der eigenen Schlaffheit, ob des
lächerlichen Gebrauchs, den er machte von der menschlichen Freiheit, in der er geboren worden war, ob der
Mündigkeit, die er erlangt hatte, ohne sich ihrer zu bedienen.

Die Unaufrichtigkeit meiner damaligen Lebensführung war weniger äußerlicher denn innerlicher Art.
Sohn eines Kaufmanns, bestimmt, dessen Nachfolge anzutreten und bereits auch in dessen Kontor tätig, im
Hause der Eltern durchaus eingeordnet in bürgerliche
Wohlhabenheit, ironisierte und belächelte ich bei jeder
Gelegenheit dieses auf Besitz und Gelderwerb sich grün-
dende Dasein. Aus Gerechtigkeit, aus Mitleid mit den
Armen, aus politischen Gründen – das sozialistische, das
soziale Zeitalter hatte begonnen, – wegen persönlicher,
psychologischer Ursachen, – eine neue Generation zog
herauf und schickte sich an, die am Weltkrieg und seiner
ihm nachfolgenden Wirrnis schuldigen Väter zu stür-
zen – war ich gegen das unmoralische Leben der Vil-

9

lenbesitzer am Zürichberg, zu denen wir gehörten. Obgleich ich in der kantonalen Handelsschule eine erstklassige kaufmännische Ausbildung genossen hatte, war ich außerstande, in der Ausübung des Handels im allgemeinen und in der Kolonialwarenagentur meines Vaters im besonderen, etwas Notwendiges und der Gemeinschaft Nützliches wahrzunehmen. Den Bezug von Kommissionen für die Vermittlung von Verkäufen und den Zuschlag auf die Preise von Waren, die man zu soundso viel eingekauft hatte und mit einem Gewinn weiterverkaufte, ohne von ihnen etwas anderes als ein Muster gesehen zu haben, bezeichnete ich als eine offensichtliche parasitäre Tätigkeit, in der Gewinn und Vermittlergebühren in keinem Verhältnis zur geleisteten Arbeit standen. Natürlich erwies ich mich mit einer solchen Einstellung völlig unfähig, auch nur den kleinsten Verkauf von Kaffee oder Zucker bei der alten Kundschaft von meines Vaters Firma zu tätigen. Ich kam mir bei diesen Offertbesuchen schuldhaft vor, und am wohlsten war es mir jeweils, wenn der betreffende Geschäftsinhaber nicht anwesend war. Auseinandersetzungen mit meinem Chef und Vater konnten deshalb nicht ausbleiben. Ich wurde bolschewistischer Tendenzen geziehen, auch meine Vaterlandsliebe wurde angezweifelt, worauf ich frech zu entgegnen pflegte, der Patriotismus zeige sich nicht in Worten, sondern, in Friedenszeiten, in einer wahrheitsgemäß ausgefüllten Steuerdeklaration.

Es waren aber keine Auseinandersetzungen von Format, sondern Entladungen einer allgemeinen Spannung an kleinen und unwürdigen Gegenständen, – und was meine Seite anbetrifft, so herrschte dort ein Geist

10

der Unliebe, der Verhetzung, des Grolls, der Einsichts-
losigkeit und der Ungerechtigkeit. Diese Gefühle galten
aber nur scheinbar meinem Vater, in Wirklichkeit bezogen sie sich auf mich selbst. Mein eigenes Verhalten
war verlogen, windig und feig, zog ich es doch vor, in
dem von mir als parasitär bezeichneten Milieu selbst
schmarotzerisch, keinerlei schöpferische Werte an den
Tag fördernd zu vegetieren, statt mich selbständig zu
machen, auf die eigenen Füße zu stellen und, unter Ent-
behrungen und Verzichten, jenes gerade Leben zu führen, das mit den schönen Forderungen meines Gewis-
sens im Einklang stand. Die Aufsässigkeit, Kritik und
Ironie, diese sogenannte schonungslose Wahrhaftigkeit
den Zuständen und mir selbst gegenüber, waren in
Wirklichkeit nichts anderes als Ausflucht, Entschuldi-
gungsversuch und Ersatz für die Tat, die allein alles
hätte ändern und den gemäßen Zustand hätte bringen
können. Diese Tat zu vollbringen war ich außerstande.
Ich war verweichlicht, versnobt, ein Mensch auf dem
Wege des geringsten Widerstandes. Eine Behausung
ohne fließendes kaltes und warmes Wasser, eine Existenz ohne das tägliche Wechseln der Leibwäsche, ohne
das tägliche Rasieren, ohne das dreimalige Reinigen der
Zähne und Ausspülen des Mundes mit Eau de Botot,
ohne die Verwendung der besten englischen Toiletten-
seifen, ohne das wöchentliche Haarschneiden, ohne die
stets frisch gebügelten Hosen, dies erschien mir schlech-
terdings unmöglich. Die Hybris eines solchen Geisteszu-
standes ist nicht zu erklären; man kann sie nur feststel-
len. Keinen Bissen der Speise, die ich aß, keinen Faden
der Bekleidung, die ich trug, hatte ich verdient, womit
nicht nur das Entgelt in Geld gemeint ist – auch im Kon-

tor meines Vaters war ich eine durchaus entbehrliche Kraft –, sondern der allgemeine Sinn des Einem-zugute-Kommens. Ich verachtete und verurteilte den Besitz, der mir den geckenhaften, ichbezogenen Lebensstil erlaubte; Größe und Kraft, ihm zu entsagen, besaß ich nicht. In diesem Weltbild war der Armut die Scham beigesellt. Wie dieses Gift in mich hineingekommen war, weiß ich nicht. Es mußte im Milieu liegen, in der Überschätzung des Besitzes, an der Wichtigkeit, die man dem Lebensstandard beimaß. Er war es offenbar, der über das Ansehen und die Bedeutung einer Familie entschied. Es ist mir penibel, und es stimmt mich traurig, es zu erzählen: einmal, als ich, ein Knabe noch, von meinen Eltern am Beginn einer Ferienreise zur Bahn gebracht und mir in einem Abteil der dritten Klasse ein Platz angewiesen wurde, kam ich mir deklassiert vor, wie abgesunken in das Elend, beigesellt den Letzten. Ohne daß ich mir dessen bewußt war, mußte etwas von dieser Verblendung in mir geblieben sein. Vielleicht gebärdete ich mich als ein Feind und Verächter des Besitzes, weil ich selbst keinen hatte, weil mich die Abhängigkeit vom Familienoberhaupt brannte, beschämte und demütigte. Vielleicht war ich nichts anderes als ein ungeduldiger Nachfolger, ein sich verzehrender Erbe. Auf alle Fälle war ich eine traurige Figur, unrühmlich und unwürdig.

Trotzdem gab es auch in meinem damaligen Leben Stunden, da ich mich ein wenig über mich selbst erhob, in denen ich etwas wie eine Ahnung empfing, wie das Leben aussehen müßte, das ich hätte führen wollen, jenes Leben in Freiheit, Reinheit und Schuldlosigkeit, wie die Formel hieß, die ich mir schon sehr früh zurechtgelegt hatte. Wie viele Menschen, denen es nicht gelingt, ihr Leben nach ihrem Gewissen zu gestalten, gefiel auch ich mir in aphoristischen Formulierungen, die in Worten vorwegnahmen, was der Tat versagt war. Meine Tagebücher waren voll davon. Sie erinnerten an das Gebaren von Leuten, die alle Dinge, die sie tun sollten, säuberlich aufschreiben und sich dann im Gefühl gefallen, sie hätten damit bereits einen großen Teil ihrer Pflicht erfüllt. Eine dieser Formeln, auf die ich mir etwas einbildete, lautete «devine et deviens», errate und werde, und in meinem Sinne war damit gemeint, ich möchte erraten, vorausahnen, was in mir stecke, was die Schicksalsmächte mit mir vorhätten, um dann selbst in dieser Richtung alle meine Kräfte voranzutreiben, um dann eben das zu werden, wozu ich bestimmt war, eben mich selbst zu werden. Diese Wunschphantasien hatten alle dieses gemeinsam: daß ein solch idealer Zustand ohne Anstrengung, ohne die Auseinandersetzung mit der Wirklichkeit, ohne Verzicht, als eine Gnade gewährt würde. Es brauchte dazu quasi nur eines Entschlusses, einer gedanklichen Klarheit, sowie gewisser leicht zu bewerkstelligender Anordnungen, und wie zur Belohnung stellte sich ein solcher Zustand ein, im Lehnsessel, beim Rauchen einer Zigarette.

So hatte auch jener Spaziergang gegen den Adlisberg hinauf und die Lektüre des Aufsatzes «Die Natur» in der Föhrenlichtung die Bedeutung einer Schaustellung, einer Anordnung, nicht für Fremde, aber für mich selbst berechnet, eines Vorganges, den man sich selbst wieder erzählen konnte, einer gelungenen Seite der eigenen Biographie, einer wenn auch kurzen Vorführung idealer Lebenshaltung.

Dennoch steckte in diesem unreifen, kindischen, spielerischen und dilettantischen Verhalten, verborgen unter Eitelkeit, Verblendung und Bequemlichkeit, etwas Echtes. Man mimt nicht unberührt, nicht ungestraft eine Gestalt, einen Lebensstil. Wie Genestus, der römische Schauspieler, der vor Diocletian einen Christen zu spielen hatte und sich dann, mitten in der Vorstellung, als einen echten Christen und zum Märtyrertod bereiterklären mußte, so gab es in mir, wie in allen Menschen, eine Bereitschaft, wenn auch nicht zu einer erlösenden Tat, so doch jene, einen Anruf zu hören und zu vernehmen, und damit auch eine echte Einsicht, wie es mit mir bestellt sei.

«Sie – die Natur – hüllt den Menschen in Dumpfheit und spornt ihn ewig zum Lichte. Sie macht ihn abhängig zur Erde, träg und schwer, und schüttelt ihn immer wieder auf.»

Ich las diesen Aufsatz mehrere Male, in vollkommener Sammlung und Ruhe. Der Hund hatte seine Augen geschlossen, doch schlief er nicht; ich legte das Bändchen beiseite, starrte und staunte vor mich hin, den letzten Sätzen nachhorchend.

«Sie hat mich hineingestellt, sie wird mich auch herausführen. Ich vertraue mich ihr. Sie mag mit mir schalten. Sie wird ihr Werk nicht hassen. Ich sprach nicht von ihr. Nein, was wahr ist und was falsch ist, alles hat sie gesprochen. Alles ist ihre Schuld, alles ist ihr Verdienst.»

Es ging ein Trost von diesen Worten aus, aber er mochte ebensosehr aus der wirklichen Natur kommen, die mich umgab, mit Harzdüften, dem Summen der Insekten, der Stille des werdenden Abends. Vielleicht, daß

14

er verdoppelt wurde durch das Einströmen vom Gelesenen her.

Während ich langsam, nach-denklich, nach-denkend, aber ohne Ziel, vom Tiere gefolgt, das von Zeit zu Zeit mit seiner feuchten Nase die innere Fläche meiner linken Hand anstieß, durch den lichten Forst stapfte, befand ich mich in einem Zustande, als wären alle meine Angelegenheiten geordnet oder auf dem Wege zu diesem Zustand. Oder vielleicht ist es besser, es so zu sagen: als wären die ungeordneten, verwirrten Dinge zu winziger Bedeutungslosigkeit zusammengeschrumpft, hinter mir hinabgesunken, und ich wandle nun auf einem Höhenweg der Unberührbarkeit, in einer Heiterkeit ohnegleichen dahin. Es war, als würde für eine kurze Zeit der Schleier des Alltags gehoben und darunter sichtbar, enthüllt, jener Zustand der Freiheit, Reinheit und Schuldlosigkeit. So weit, daß es zu Plänen reifte, was mein künftiges Leben nun sein würde, gedieh die Veränderung nicht. Aber ich wußte, ich empfand, wie es war, wie es sein würde, wenn ich den gedachten und ersehnten Lebensstil verwirklicht hätte. So würde es sein, wie es jetzt gerade war. Mit unendlicher Ruhe würde ich einen betrachtenden Blick auf alle Dinge werfen, und wie von einem Zauberstab berührt, würden sie mir ihr Geheimnis preisgeben, den geistigen Zusammenhang, in dem sie standen. Alle meine Bedürfnisse würden zusammenschrumpfen, doch es würde mir diese Einfachheit so köstlich munden wie schlichtes Brot, das, wenn man es in echtem Hunger genoß und wirklich kaute, mit einem Male alle seine sonst in achtlosen Bissen verschluckten, nie gekannten Herrlichkeiten preisgab.

Es konnte also mit mir noch nicht alles verloren sein, da ich solchen Erlebnisses würdig befunden wurde. Zwar wußte ich keineswegs, wie ich aus der Verstrikkung mich würde befreien können; kein praktischer Weg, kein Entschluß schwebte mir vor. «Sie hat mich hineingestellt, sie wird mich auch herausführen. Sie wird ihr Werk nicht hassen.»

Ich kehrte in das elterliche Haus zurück, der Stille und der Ahnung voll. Es würde auf eine unerwartete, eine unvoraussehbare Weise eine Lösung, eine Erlösung kommen. Immer hat es dies gegeben, es geht durch alle Literaturen der Menschheit hindurch, daß einer von den Schafen weg erwählt und gesalbt wurde, daß ein Mensch aus der Stille eine Stimme vernahm, daß ihn ein Engel besuchte. Zwar empfing ich auf jenem Spaziergang keine Botschaft, keinen Anruf, keine Offenbarung. Nur jenes Wort: «Sie wird ihr Werk nicht hassen.» Ja, nicht wahr, auch ich war eingeschlossen in ihre Absichten, ich konnte nicht hinausfallen.

In einer der kommenden Nächte, in der Nacht vom 21. zum 22.Mai, in der Nacht, die dem Auffahrtstage folgte, trat ohne weitere Umstände, hart, einfach, das wirkliche Leben an mich heran: ein Telegramm traf ein, das meldete, daß mein Vater bei einem Automobilunfall den Tod gefunden hatte.

Diese Trennung, diese Loslösung war nicht ein Schritt auf dem Wege zu «meinem» Leben. Sie war das Gegenteil. Ich war zu meines Vaters Nachfolger geworden. Alle erwarteten das von mir. Eine andere Möglichkeit als jene, daß ich diese Nachfolge übernehmen, mich in das zubereitete Nest hineinsetzen würde, stand außerhalb jeder Erwägung. So tief im Konformismus, der

16

Konzilianz und dem bequemen Kompromiß steckte ich drinnen, daß nicht einmal in mir selbst die Versuchung auftauchte, diese Gelegenheit zur Befreiung zu benützen. Ich verhielt mich genau so, als seien mit dem Tode meines Vaters auch alle meine Vorstellungen eines anderen Lebens, meine Wünsche, auszubrechen, gestorben, als hätte ich nichts anderes gewünscht, als die Nachfolge meines Vaters anzutreten. Ich fand für dieses Verhalten noch eine glaubhafte Formel: Ich durfte mich der Verantwortung nicht entziehen. Natürlich kam dann alles ganz falsch heraus, denn in Wirklichkeit hatte ich mich der wahren Verantwortung entzogen: jener mir selbst gegenüber. Es war ja so viel einfacher, eine Erbschaft anzutreten, als ein anderes Leben zu beginnen.

II

In einem ebenerdigen Zimmer im Hause meiner
Freunde Albert und Eva Welti in Chêne-Bougeries, östlich von Genf, begann ich eine neue Serie von Tagebüchern, und der erste Eintrag, in einem Gemisch von
deutscher und französischer Sprache (ich übertrage
aber der Einfachheit halber alles ins Deutsche) lautete:
«Genf, 5. Okt. 1935. Meine Gedanken zu Beginn von
Opus 3: ich möchte in der Freude schreiben, in der Heiterkeit. Ohne Hast, und ohne ein einziges Wort zum
Ausfüllen, ohne ein Wort, das nicht trifft. Exakt, gewissenhaft, ohne Pathos. Einfach rechte Arbeit. Maßvoll,
sauber. Alles verbrennen und vergessen, was hinter mir
liegt. Neu beginnen. Nicht nach den Seiten schielen.
Nicht an einen Zweck denken. Kein Stimulans von
außen. Das Werk in völliger Gesundheit zeugen. Distanz halten zu allem, was nicht zum Werk gehört. Das
andere Leben nicht zu nahe heranlassen. Immer entschlossen das Leben eines Schriftstellers führen. Das
andere vergessen, es abtun. Ich möchte dieses Werk
schreiben, als sei es mein letztes. Jeder Satz, jedes Wort
muß zählen. Nichts schreiben, das nicht aus der Tiefe
kommt. Vergnügen an der Arbeit finden – Freude.
Ohne Hast schreiben. Vertrauen und Zuversicht schöp-
fen aus der früheren Leistung, das sei aber auch ihr ganzer Nutzen. Den Stoff sehen, berühren, betasten, ihn
lieben. Den Geist von aller Kleinheit befreien. In einer
anderen Welt erwachen. Den Ehrgeiz bekämpfen, das
Leichte ablehnen. Die Schwierigkeit suchen. Das Wei-
nerliche meiden und das Grobe. Vor sich das Bild des

Mannes haben, der sich über sein Werk beugt. Die Heiterkeit und das Maß.»

Seit jenem Spaziergang in der Begleitung des Hundes waren also etwas mehr als zehn Jahre verflossen, und das Leben hatte mich in die Finger genommen. Es ist eigenartig, wie das Geld sowohl Charaktere als auch ganze Verhältnisse zu verschleiern vermag. Ist noch Vermögen da, sind noch Einkommensquellen vorhanden, so bleiben unter dem normalen Lebensgang, die sie sichern, Personen und Zustände wie eingehüllt und unberührt. Sie fordern keine Kritik heraus. Zerrüttete Ehen, unlautere Geschäftsbetriebe, parasitäre Scheinunternehmungen und was dergleichen Verbindungen mehr sind, können jahrzehntelang bestehen und täuschen, solange alle Verpflichtungen erfüllt und alle Rechnungen bezahlt werden. Desgleichen können Personen mit Geldbesitz ein Leben lang ihre Dummheit, ihre Laster, ihre Perversität, sogar ihre Geisteskrankheit verbergen. Der Gelderwerb und der Geldbesitz dienen eben nicht nur zur Bestreitung des Lebensunterhaltes und der Liebhabereien. Eine viel zu wenig beachtete Funktion dient dem Unterhalt eines Bildes, einer Vorstellung, eines Standards, die der Betreffende erwecken will und meistens, wenn er im Besitze der materiellen Mittel ist, auch kann. Ich kannte beispielsweise Geschäftsherren, die in ihrem Hause Räumlichkeiten besaßen, deren Wände von oben bis unten mit Büchergestellen bedeckt waren und die sie deshalb Bibliothek nannten, und die in weiten Kreisen als Bücherliebhaber, ja als Bibliophile galten, aber in Wirklichkeit in ihrem ganzen Leben nie ein Buch richtig gelesen hatten.

Als einige Jahre nach dem Tode meines Vaters mein Erbteil, das als Betriebskapital in der Firma steckte, aufgebraucht war, konnte es nicht mehr länger verheimlicht werden, daß dieser Betrieb nicht mehr vom Verdienst, sondern von der Substanz gelebt hatte. Nach der Liquidation dieses Unternehmens führte mich das Leben genau an den Punkt hin, wo nicht die leiseste Möglichkeit eines Scheinlebens und der Vortäuschung besonderer Fähigkeiten mehr bestand: in die Armut. Allerdings verstand ich damals noch nicht richtig, was damit gemeint war. Auf der Basis von Schulden und Darlehen hatte ich unter verschiedenen Bezeichnungen und Beschäftigungen die alte Lebensweise noch eine Weile weitergeführt, bis ich nicht nur meine kaufmännische Unfähigkeit, sondern meine Arbeitsscheu und meine im Grunde genommen schmarotzerhafte Einstellung zur menschlichen Gesellschaft zunächst zu ahnen und dann auch einzusehen begann. Mein größtes und eigentliches Unglück war das falsche Verhältnis zum Geld. In welcher Form ich auch je in seinen Besitz gekommen war, durch Erbschaft, Geschenk, durch eine Tätigkeit oder durch Darlehen, nie haftete ihm, für mich, die Eigenschaft des Verdienstes, es verdient zu haben, an. Sein Besitz schien mir immer die Folge eines Zufalls, einer Konstellation oder einer Manipulation. Ich hatte deshalb beim Empfang von Geld immer ein schlechtes Gewissen; selbst dann, wenn ich aus einer durchaus normalen und korrekten Abmachung heraus Geld zu fordern hatte, tat ich es nie anders als mit dem Gefühl des Geniertseins, als begehre ich etwas Unrechtes oder als bettelte ich um ein Almosen. Daß, wer Schulden macht, damit zugleich auch schuldig wird – diese Erfahrung begleitete mich noch weit in das neue Leben hinein, das sich auf diesem Nullpunkt abzuzeichnen begann. Es geht ja in der Wirklichkeit nie so zu wie in den Büchern, daß ein Zustand, durch eine Katharsis oder durch eine Katastrophe beendet, nun einem andern Platz macht; vielmehr sind die Grenzen miteinander verzahnt, ineinander verflossen, und erst lange nach der Durchquerung einer diffusen Zone bemerkt man den neuen Umstand des Lebens. Das Wesen jeder Prüfung ist ihre Dauer.

Zweier Dinge muß ich in Dankbarkeit gedenken, daß ich jene Zeit, am Anfang der dreißiger Jahre, mit ihren Ängsten und Demütigungen überstand: wie ein Floß trug mich ein gesunder Körper über Wirbel und Katarakte – und in all den Verwirrungen hatte ich nie aufgehört zu schreiben. Mit der rechten Hand schrieb ich, mit der linken wehrte ich, so gut ich es vermochte, die Schwierigkeiten ab. Dieses Schreiben – Schreiben, um zu leben – blieb mir standhaft treu, was immer auch geschah. In der dunkelsten Nacht war es dieses Schreiben, das mir wie ein Leuchtturm den Weg wies. Mochte alles in meinem Leben Irrtum, falsch, verlogen sein, in diesem einen irrte ich mich nicht: in meinem Wunsch, meiner Sehnsucht, meiner Sucht zu schreiben.

Ich bewohnte damals, als meine bürgerliche Karriere beendigt und alle Mittel, die mir als Erbe zugefallen und mitgegeben worden waren, sich erschöpft hatten, eine winzige Einzimmerwohnung im Dachstock eines älteren Hauses an der Plattenstraße. Mein einziger Besitz waren einige Möbelstücke aus dem aufgelösten elterlichen Haushalt; Einkommen hatte ich keines mehr. In jener Zeit beging ich einen schweren Fehler. Um mich während einiger Zeit ganz meiner Schreiberei widmen zu können, traf ich mit einem entfernten Verwandten eine Abmachung; er gewährte mir ein in monatlichen Raten von dreihundert Franken auszahlbares Darlehen; während eines Jahres bezog ich diesen Betrag. Ein Freund stand mir mit einer Summe von zweitausend Franken bei. Es vergingen über zehn Jahre, bevor ich anfangen konnte, diese Schulden zu tilgen. Mit ihnen hatte ich mir den Genuß der Armut vergällt. Damit will ich nichts Scherzhaftes oder Ironisches ausdrücken.

Für einen alleinstehenden, noch jüngeren und gesunden Menschen mit geistigen Interessen hat die Armut nichts Erschreckendes; im Gegenteil haftet ihr etwas Lockendes, Romantisches und Heroisches an. Sie ist die Form eines stillen, aber immerwährenden Kriegszustandes mit den Tücken und Schwierigkeiten des Lebens, in denen man sich sozusagen in jeder Minute bewähren kann. Die Armut zwingt zur Bescheidung, zu Verzichten, aber sie steigert auch die Freude an den einfachen Genüssen, ja sie erfindet sie sogar. So paradox es auch klingen mag: Armut macht frei. Nicht nur etwa in dem Sinne, daß man nichts mehr zu verlieren habe; man hat dafür auch nichts mehr zu verwalten als den eigenen Willen und das eigene Gewissen. Damit aber die Armut auf diese Weise wirke und stärke, damit der Arme seine Würde, seinen menschlichen Stolz und seine Unabhängigkeit bewahre, ist ein Gesetz zu beachten: der in die Armut Gesunkene muß die Armut voll auf sich nehmen, er muß sie annehmen, und er muß mit der eigenen Kraft und den eigenen Mitteln damit fertig werden. Eben gegen dieses fundamentale Gesetz verging ich mich mit den Darlehen und den Hilfen, die mir

Freunde gewährten. Diese erhaltenen, aber nicht durch
Arbeit verdienten Summen verlängerten auf eine künstliche Weise, nach außen hin, meine bisherige Lebensführung; außerdem bildeten sie noch immer eine Bela-
stung, die mich der wahren und wunderbaren Freiheit
der Armut nicht teilhaftig werden ließ. Wenn also je ein
jüngerer Mensch diese Zeilen liest, möchte ich ihm den
einen aus Erfahrung erworbenen Rat mitgeben: sei arm
bis zum Hunger, aber verweigere jede Hilfe, die du
nicht sogleich durch eine geleistete Arbeit tilgen kannst.
Je leichter es dir gemacht wird, ein Darlehen zu erhalten, um so energischer weise es zurück. Leicht geliehenes
Geld wird am schwersten zurückbezahlt.

Zu behaupten, daß ich dieser Schulden wegen fortwährend unglücklich und bedrückt gewesen sei in jener
Zeit, entspräche der Wahrheit nicht. Wäre ich es nur
gewesen, ich hätte diese Lebensepoche rascher überwunden. Aber es war neben der Stimme des Rechts und der
Wahrheit in mir gleichzeitig etwas Leichtsinniges, Lie-
derliches und Luderliches, eine Fähigkeit, das Unangenehme zu vergessen und hinauszustoßen, eine übermä-
ßige Nachsicht und Entschuldigungsbereitschaft mir
selbst gegenüber. Es gab da so gemeine Phrasen und
Floskeln, die mich über die Pflichten und die Vorwürfe
wegen ihrer Vernachlässigung hinaushoben, wie «ein
früher Tod macht alles wieder gut», oder «mein wahres
Ich, meinen guten, ja edlen Kern wird man später, post-
hum, in meinen nachgelassenen Werken entdecken».
Eine wahrhaft ekelhafte Haltung!

Inmitten dieser aus Indolenz, Vergnügungssucht,
Schein und Verlogenheit zusammengesetzten Existenz
führten eine aus dem allgemeinen Zusammenbruch her-

ausgerettete tragbare Schreibmaschine und ein ledernes Köfferchen ein besonderes Dasein. Von Zeit zu Zeit schrieb ich auf der Maschine eine Seite und fügte sie anderen Seiten hinzu, die ich in diesem Suit-case aufbewahrte, das ich immer, wohin ich auch ging, mit mir herumtrug, denn es gab von diesen Seiten keinen Durchschlag, dazu war der Verfasser zu bequem. Einige Jahre konnten mich die Leute mit diesem Lederköfferchen herumgehen sehen, das das «Manuskript» enthielt, einen Roman. Diesem Schriftstück, das noch niemand gelesen hatte, kam eine magische Bedeutung zu; es enthielt dieses Köfferchen den Sinn meines Lebens, meine Daseinsberechtigung, meine Entschuldigung für alles, was ich angestellt, falsch gemacht oder unterlassen hatte, meine Rechtfertigung. Mein gräßlichster Traum in jener Zeit war die Vorstellung, dieses Köfferchen und das Manuskript könnten mir abhanden kommen, durch Vergeßlichkeit, Liegenlassen im Tram oder so, durch Überschwemmungen, Feuersbrünste, Erdbeben oder – durch Diebstahl. Selbstverständlich betrachtete ich diesen Text als den Beginn eines unerhörten, kühnen Werkes, in dem schlechthin alles enthalten war, unser ganzes modernes, problematisches Dasein, und dessen Veröffentlichung den Mißlungenen, den Raté, den Taugenichts, den Bluffer vor den Augen der staunenden Verwandten, Zeitgenossen und Gläubiger als einen Verkannten, als einen, dem man Unrecht getan hatte, enthüllen würde. Je weiter dieser Text vorrückte, oder weiterkroch, wie man sagen müßte, um so geheimnisvoller und hinterhältiger gebärdete ich mich. Manchmal, wenn ich, mein Köfferchen neben mir, in einem Café saß, kam ich mir vor wie ein Attentäter, der eine Zeit-

24

bombe mit sich herumträgt, entschlossen, menschenver-
ächterisch, und ein bißchen hämisch. Alles, schlechthin
alles setzte ich auf dieses Werk – wie es damit ausgehen
würde, das war das Orakel. Es würde entscheiden über
mein Schicksal, über meine Zukunft. Als es zu Ende geschrieben war, so um 1933 herum, ließen es meine Ungeduld und meine Faulheit nicht zu, daß ich es noch einmal abschrieb; mein Mißtrauen und meine Selbstüberschätzung aber duldeten nicht, daß dies ein anderer
Mensch für mich besorgte. Vor der Türe des Buchbin-
ders Stocker, der es heftete, wartete ich wie eine Schild-
wache, bis die Operation des Zusammenheftens beendet
war. Man kann das manchmal beobachten: junge Menschen, die noch nichts geleistet haben, bewegen sich mit
scharfer Kritik, Ironie und Geringschätzung der Anstrengungen anderer durch das Leben; gelingt es ihnen
dann endlich, selbst etwas hervorzubringen, so über-
schätzen sie die eigene Leistung maßlos und treiben mit
ihr einen geradezu fanatischen Kult. So kannte ich einen
Mann, der ein Kinderbuch verfaßt hatte, der sein Manuskript in Leder binden ließ und jede Seite mit seinem
Namenszug versah. So weit trieb ich es nicht; aber als
Fortunat Huber sich bereiterklärte, meinen Roman zu
lesen (einen Titel hatte er damals noch nicht) eines
Abends nach dem Nachtessen, verharrte ich in dessen
Nähe bis gegen die dritte Morgenstunde, in der ich
dann, das unschätzbare Manuskript unter dem Arm,
heimwärts wanderte, um das ganze untere Seebecken
herum.

Der Schweizer-Spiegel-Verlag brachte diesen Erst-
ling heraus, der den sonderbaren, zu manchen Mißver-
ständnissen Anlaß gebenden Titel «Entfesselung» er-

hielt. Es war damit gemeint die Lösung aus Verstrik-
kungen; viele verstanden es als die Entfesselung der
Triebe; aber als der Verlag eine Bestellung von zwei
Exemplaren durch die japanische Regierung in Tokio
erhielt, begannen wir zu ahnen, daß diese Besteller in
dem Buche eine Anleitung oder einen Lehrkurs zur Befreiung aus Fesseln vermuteten, dem Jiu-Jitsu verwandt. Ich schrieb darnach gleich einen zweiten Roman, «Sieben Tage», der im folgenden Jahr herauskam,
und damit war endlich dokumentiert, was ich wollte,
wo ich hinauswollte.

Ich hatte natürlich nichts Eiligeres zu tun, als mich
beim Schweizerischen Schriftstellerverein als Mitglied
anzumelden; mit gleichem Eifer betrieb ich auch beim
Zivilstandsamt und beim Kreiskommando die Umwandlung meiner bisherigen Berufsbezeichnung «Kfm»
in die eines Schriftstellers. Deutlich erinnere ich mich
auch eines Briefes an die Administration des Adreßbu-
ches der Stadt Zürich, mit dem gleichen Anliegen, unter Beilage eines Exemplares meines Romans «Entfesselung» als Beweis. Das waren zweifellos alles sehr lächer-
liche Bemühungen, Zeichen der Selbstüberhebung und
der Eitelkeit, aber man muß bedenken, daß die nun auf
legitimem Wege und mit wirklicher Anstrengung er-
rungene Berufsbezeichnung eines Schriftstellers für
mich selbst einen Titel darstellte, ja einen Ehrentitel,
einen Grad, eine Lebensstufe. Schriftsteller zu werden,
das konnte man ja nirgends erlernen, dafür gab es keine
Schule, keine Kurse. Man konnte die Bezeichnung sich
selbst zulegen in unserem Lande, wie eine jede andere,
aber berechtigt und anerkannt wurde sie erst durch den
Ausweis einer Leistung, zum mindesten durch ein ge-

drucktes Werk. Für mich selbst bedeutete die Tätigkeit eines Schriftstellers nie einen Beruf, sondern eine Lebenshaltung, einen Lebensstil, eine Verpflichtung. Ich konnte mich nicht von der Vorstellung einer feierlichen Aura, die ihn umgab, befreien; stets war ich der Überzeugung, es herrsche im Dasein eines Schriftstellers ein gewisser Kodex; ihm seien Dinge, die in anderen Berufen und Tätigkeiten noch geduldet werden könnten, verboten, und andere hinwieder geboten, besonders jene, die die Freiheit, die Wahrheit, die Gerechtigkeit und die Toleranz forderten. Nach bestem Wissen und Gewissen darf ich sagen, daß diese Ansicht sich bis heute in mir als unbestechlich und unverrückbar erwies.

Es war nun mit viel Mühseligkeit, mit Ach und Krach nach außen hin, ich möchte fast sagen zivilrechtlich, sozial, eine Art Behausung errichtet, eine auch Außenstehenden plausible Beschäftigung gefunden – ein freier Schriftsteller, das ist so etwas von der Art eines freien Graphikers, Malers, nicht wahr, wollte man sich nicht einfachheitshalber, wie es oft geschah, für den Ausdruck Schriftsetzer entschließen. Von inwendig her gesehen aber herrschte in diesem wie innerhalb der bürgerlichen Welt ausgesparten Raum noch keine Ordnung. Noch immer bestand der größte Teil meines Tages aus Müßiggang, aus vielen Stunden, die ich im Lesesaal der Museumsgesellschaft oder in einem Kaffeehaus verbrachte. Es war sicherlich zum großen Teil der Unwissenheit meiner Mitmenschen über die Funktion eines Schriftstellers zuzuschreiben, daß meine Lebensweise nicht Anstoß erregte. In der Tat gab es so viele gutmeinende Leute, die, wenn sie mich beim Schlendern, Nichtstun und Verplempern der Zeit entdeckten, ausriefen: «Gewiß sinnen Sie wieder über ein neues Buch nach!» oder etwas dergleichen, was ich zu bestreiten meist nicht den Mut fand. In Wirklichkeit jedoch verlangt der Stand und Zustand eines Schriftstellers viel beharrliche und geduldige, vor allem aber, nach meiner Erfahrung, regelmäßige Arbeit mit einer von vornherein festgesetzten Regelung des Tageslaufs. Drei oder vier Stunden vor seinem Papier zu sitzen, täglich, Inspiration hin oder her, mit oder ohne Arbeitslust, mit oder ohne Hoffnung, das ist der Preis eines Buches, das geschrieben werden soll. Nicht jene hastig und wie im Fieber hingeschriebenen Seiten der neuen Begeisterung zählen bei einem Werk, sondern jene eine, mit Mühsal, fast unter Qual und vielleicht sogar unter Tränen fabrizierte Seite, die aus Pflichtgefühl und im Ringen um die Selbstachtung die karge Frucht eines Arbeitstages geworden ist.

Allerdings, bis ich mich zu dieser Einsicht, namentlich aber bis zu der Kraft und der Fähigkeit durchgerungen hatte, diese Einsicht auch in die Tat umzusetzen, sollte noch sehr viel Zeit vergehen. Immerhin gelang es mir, in dem folgenden Jahr noch den kleinen Roman «Sieben Tage» zu beendigen. Dieses Ereignis hat insofern seine Wichtigkeit, als es bei der Wahl des Schriftstellerberufes viel mehr auf das zweite Werk als auf das erste ankommt. Das erste Buch ist das Lehrstück, das zweite das Gesellenstück. Es ist die Bestätigung, die Bekräftigung des Entschlusses – und es zu unternehmen heißt, sich der schweren Prüfung zu unterziehen, dem Beweis, daß das erste Werk nicht einfach ein Zufall, eine Laune, die künstlich hochgetriebene Blüte eines ungesunden Ehrgeizes war. Die große Zahl jener Schriftstel-

28

ler, die nach dem ersten publizierten Werk stehenbleiben, es dabei bewenden lassen, die sich nach der ersten Veröffentlichung eines Buches zufrieden geben, zeigt deutlich die Stromschnelle, die es für den aufwärts wandernden Lachs zu überwinden gilt.

Welch ein Glück ist es in einer solchen Zeit für den Schriftsteller, wenn er einen verständnisinnigen, zu vernünftigen Risiken und sogar etwelchen Opfern bereiten Verleger gefunden hat! Mir ward das Glück zuteil, in meinem ehemaligen Schulkameraden Adolf Guggenbühl und Fortunat Huber, den Herausgebern des «Schweizer Spiegels», mit denen beiden ich befreundet war, solche Verleger gefunden zu haben. Aber die Freundschaft, die einen präsumtiven Autor mit einem Verleger verbindet, ist keineswegs die Gewähr für einen Verlagsvertrag; im Gegenteil, sie ist ein Hindernis. Der Verleger muß sich vor dem Manuskript eines Freundes doppelt in acht nehmen, immer muß er sich fragen, ob nicht die Sympathie, die Nachsicht, der Wille, dem Freunde zu dienen, zu helfen, ihn zu erfreuen, es seien, die ihn dem Werke geneigt machen und ihn veranlassen, die Herausgabe zu übernehmen. Und besonders schwer ist es natürlich für ihn, dem Freunde «nein» sagen zu müssen. Da bedarf es denn von beiden Seiten einer gewissen Größe, soll eine Freundschaft über einem solchen Vorkommnis nicht in die Brüche gehen. Aber auch wenn das Buch angenommen, gedruckt und herausgegeben ist, bedarf es zwischen den Freunden eines felsenfesten Vertrauens, denn nun erst beginnen sich die Anlässe zu mehren, die ihre Freundschaft und ihren Rechtlichkeitssinn Prüfungen aussetzen. Der Autor eines Erstlingswerks, das soeben «ausgeliefert» wurde,

29

das heißt, das dem Buchhandel zum Verkauf, den Zeitungsredaktionen zur Besprechung übergeben wurde, befindet sich in einem Zustande, den man mit dem allermildesten Ausdruck etwa als exaltiert bezeichnen kann. Nicht nur sein Buch ist ausgeliefert, er selbst ist ausgeliefert, preisgegeben den Dämonen des Mißtrauens, der Empfindlichkeit, der Selbstüberschätzung – er benimmt sich so, als hätte die ganze Welt nichts anderes zu tun, als sich mit dem Erzeugnis seiner Feder zu beschäftigen. Er benimmt sich so, als sei sein Buch überhaupt das einzige Buch, das seit der Erfindung der Buchdruckerkunst das Tageslicht erblickt habe. Er betrachtet sein Werk als epochal, als Grenzstein eines neuen Zeitabschnittes. Besessen, wie krankhaft, überwacht er die Öffentlichkeit, um herauszufinden, wie sie auf das Erscheinen des Werkes reagiert. Dabei ist es das Fehlen der Anzeichen einer Reaktion, die ihn sogleich vermuten lassen, es bestehe eine Verschwörung wider ihn; eine Phalanx geheimer Feinde, Redaktoren, Kritiker, Schriftsteller, Buchhändler habe sich zusammengefunden, um das Auf- und Hochkommen seines Werkes im Keime zu ersticken. Anders wäre es doch nicht zu erklären, daß vierundzwanzig Stunden nach der Auslieferung das Buch noch in keinem Schaufenster ausgestellt sei, daß noch keine einzige Zeitung es erwähnt, geschweige denn besprochen hätte, daß keiner der vielen Bekannten es überhaupt nur mit einem einzigen Wort erwähnte. Ha, natürlich, das kann man sich ja denken, die ganze anerkannte und arrivierte Generation der Schriftsteller stand wie ein Mann da, grimmig entschlossen, das neue, kühne Talent nicht aufkommen zu lassen. Sie nahmen ihn wohl für einen Dilettanten, dem es den Einlaß in den Parnaß zu verwehren galt. Deshalb besprachen die Zeitungen das Buch nicht, und die Buchhändler befürchteten, es könnten ihnen die alten, bewährten und anerkannten Autoren in den Regalen als Ladenhüter zurückbleiben, wenn sie das neue Werk dem Publikum anboten. Und den Verleger beschuldigt er, nichts für sein Buch getan zu haben.

Alle diese Zustände einer solchen, jeden vernünftigen Maßstab verlierenden Ichbezogenheit machte auch ich durch. Eigenartig war das Verhalten von Leuten, die mich in anderen Berufen gesehen hatten. Einer von ihnen, ein Agent der Kolonialwarenbranche, fragte mich: «Ist in Büchern etwas zu machen?»

Mochte ein von einem Verleger angenommenes und herausgegebenes Buch den glücklichen Abschluß einer kritischen Periode darstellen, mochte der Anblick des gedruckten, sich nun im Verkehr befindlichen Werkes zu einer Art von Genugtuung Anlaß geben, die ökonomischen Probleme des Schriftstellers löste dieses Vorkommnis auf keine Weise. Wir befanden uns in der Zeit, von der hier die Rede ist, bereits am Anfang des vierten Jahrzehnts dieses Jahrhunderts, und unser kultureller Austausch mit dem deutschsprechenden Ausland war bereits so gut wie abgebrochen. Ein schweizerischer Verleger konnte vernünftigerweise nur noch mit dem inländischen Absatz rechnen, und demgemäß mußte auch die Honorierung des Autors ausfallen. Das bedeutete für diesen im besten Falle einen willkommenen Lebensbeitrag.

Für einen Menschen wie mich, der bis zur Niederschrift seines ersten Buches tatsächlich aus eigener Kraft noch gar **nichts** geleistet hatte und der von der Vorstellung beherrscht war, er führe ein nutzloses, egoistisches, auf Vergnügen und Wohlleben ausgerichtetes Dasein parasitärer Art, mag das alberne Verhalten einigermaßen begreiflich erscheinen. Objektiv gesehen, *war* es auch für dieses Individuum ein entscheidender Augenblick: der Übergang von der Passivität, vom Leben aus der Substanz zur Aktivität, zur Erzeugung von Substanz. Wer es auch sein mag, wo es auch sein mag und mit was es auch sein mag – dem jungen Schriftsteller gebührt eine gewisse Achtung, eine gewisse Reverenz, mag sein Hervortreten noch so sehr von Eitelkeit und Ruhmsucht begleitet sein. In einer tieferen Schicht, ihm selbst vielleicht noch nicht bewußt, erfüllt er eine Funktion innerhalb der Gesellschaft, die uns mit Ehrfurcht erfüllen sollte: er ist die Knospe am Baum, die Zukunft.

Aber mein Verhalten beim Erscheinen des Erstlings und Zweitlings enthüllte natürlich auch mir, wie unreif ich war, und vielleicht sogar wie unwürdig des Talentes, das mir beschieden wurde. Ich hatte einen gewissen Fleiß, eine gewisse Beharrlichkeit entwickelt, Zeugnis dafür abgelegt, daß es mir möglich war, durch Worte Vorstellungen und Gefühle auszudrücken, gewisse Handlungen zu erfinden und zu gestalten, kurz: eine Geschichte zu schreiben.

Es gab aber Stunden, wo mir dieses Hervorgebrachte mehr wie ein Zufall denn das Erzeugnis eines Willens erschien. Ich antwortete auch auf diese Weise, wenn mich die Leute fragten, wieso ...? Es gefiel mir, mich als eine Art Sprachrohr einer unbekannten Kraft auszugeben, die sich meiner bediente ohne mein Dazutun und ohne mein Verdienst. Diese Ablehnung der Verantwortung, der etwas Spielerisches und Unaufrichtiges innewohnte, rührte vor allem daher, daß ich wohl literarische Dokumente herstellte, aber daß meine Lebenshaltung, vor allem jedoch meine innerliche Organisation, noch keineswegs im Einklang mit meiner Tätigkeit stand. Ich hätte eben nicht nur in meinen Arbeiten, sondern in meiner Lebensweise ein Schriftsteller werden wollen. Nicht nur auf dem Papier, sondern in meinem ganzen Verhalten und Sein wollte ich darstellen, was ich darunter verstand, ein freies, reines und schuldloses Leben zu führen.

So war jene Notiz in Genf am 5. Oktober 1935 zu verstehen.

III

MIT DEM EHEPAAR Albert und Eva Welti verband mich eine Freundschaft, die damals schon fast zwei Jahrzehnte dauerte. Eva hatte ich noch als Maturandin im Jahre 1918 in Zürich gekannt, Albert, der damals noch Maler war, ein wenig später. Sie hatten, da Eva als Biologin unter Professor Guyénot an der Universität Genf arbeitete, ihren Wohnsitz in der Nähe der Stadt genommen, in Chêne-Bougeries, wo sie inmitten eines großen Gartens ein Haus besaßen. An diesem Hause bezauberte nicht seine bauliche Originalität, sondern im Gegenteil das bewährte Schema des Pavillons oder der Villa, dem der Baumeister und Unternehmer, Pyton, wenn ich mich nicht irre, fern jeder Problematik gefolgt war. Es hätte dieses Haus irgendwo in Frankreich, in der Banlieue von Paris oder im Rhonetal stehen können. Ebenerdig erreichte man aus der Glastüre des Salons die Terrasse; der Kiesplatz wurde von einer Catalpa beschattet, inmitten des Rasens stand eine große Zeder.

Vierzehn Tage oder drei Wochen mochte mein Aufenthalt gewährt haben. «Ich kann wohl sagen, daß ich in meinen fünfundsiebzig Jahren keine vier Wochen eigentliches Behagen gehabt», habe Goethe gesagt, notierte Eckermann am 27. Januar 1824. Fünfundsiebzig Jahre, das sind viertausend Wochen, und das Glück betrüge also nach diesem Maßstab berechnet ein Promille unserer Lebenszeit. Es ist wahr, Goethe spricht nicht von Glück, sondern von Behagen, und ein anderer Ausdruck, den er gerne anwendet, lautet «behäglich», was, so wie ich es mir auslege, eine Assoziation mit «Hag», «Umzäunung», «Einzäunung», «Abgeschlossenheit», «Ungestörtheit», «Zufriedenheit», «emsiger selbstvergessener Beschäftigung» zuläßt. Wenn ich die von Goethe aufgestellte Proportion von Glück oder Behagen auf meinen eigenen Lebensweg anwenden würde, so dürfte dieses Promille schon fast in den drei Wochen aufgehen, die ich im Oktober 1935 in Genf verlebte. Aber auch wenn dem so wäre, wenn das Verdikt so lautete, es sei meine Ration Glück damals zu fast drei Vierteln aufgebraucht gewesen, ich würde dagegen keinen Einspruch erheben.

Es ereignete sich nämlich damals etwas Entscheidendes in meinem Leben, jedoch in solcher Stille, in solcher Verschwiegenheit, in solchem Geheimnis, daß nicht einmal meine Freunde etwas davon bemerkten und daß nur ganz spärliche Spuren von schriftlicher Aufzeichnung in einem Notizbuch zurückgeblieben sind. Aber in mir selbst lebt jene Zeit so gegenwärtig, daß es mir nicht die geringste Schwierigkeit bereiten würde, dieses intime Erlebnis zu schildern. Was es mir schwer macht, ist ein gewisses Schamgefühl, eine Art Aberglaube, etwas Magisches, das es umweht. Ich habe nie darüber geschrieben, nur selten davon gesprochen, und dann in einer solch beiläufigen Art, daß es keine Beachtung fand.

Der kleine Roman «Sieben Tage» war erschienen. Das Gefühl eines Schriftstellers in solcher Zeit ähnelt dem eines Mannes, der ein nicht ungefährliches, aber geliebtes Abenteuer überstanden hat; so muß es, denke ich mir, einem Alpinisten zumute sein, der eine Erstbesteigung hinter sich hat. Die Genugtuung über die vollbrachte Leistung ist da, aber die eigentliche Freude, das Glücksgefühl bestand während des schweren Aufstiegs selbst. Ein wenig verloren wanderte ich unter den im Goldglanz einer herbstlichen Sonne sich entblätternden Eichen einher. Es bestand bereits etwas wie eine Ahnung, eine Erwartung in mir; es schien sich etwas anzukündigen, nicht ein neues Werk, aber eine neue Lebensepoche, eine andere Klangfarbe, ein anderes Klima. Ich konnte, was um mich war, mit ruhigem, wunschlosem Blick betrachten, alles in mir schien sich auf eine Umwandlung vorzubereiten, oder ich befand mich schon mitten darin. Eine Ruhefrist war mir gewährt, in der es galt, die Kräfte zu sammeln, die eigenen Mittel abzuschätzen und eine Zählung der Möglichkeiten zu veranstalten. Alles in mir war auf eine Art Bestandsaufnahme ausgerichtet, auf Inventar und Bilanz, wie man im kaufmännischen Bereich sagen würde.

In diesem Hause eines Malers und einer Naturkundigen brach langsam, mit unaussprechlicher Seligkeit begriffen, jene Stimmung wieder durch, die mich vor mehr als zehn Jahren in jener Föhrenlichtung auf dem Adlisberg heimgesucht hatte, als ich, den Kopf des Vorstehhundes auf meinem Knie, in dem Oktavbändchen der vollständigen Ausgabe letzter Hand den Aufsatz «Die Natur» las. Es schien mir, diese Empfindung sei immer in mir bereitgelegen und sie hätte darauf gewartet, freigelegt zu werden. War sie damals, an jenem Maientag im Jahre 1925, so ausnahmsweise und so rasch wieder verschwindend erschienen, daß nicht die leiseste Hoffnung in mir bestand, sie zu halten oder gar zur Wiederkehr bewegen zu können, so erlebte ich sie im Hause in Chêne-Bougeries schon wie eine Art von Versprechen, wie die Andeutung einer Möglichkeit, sie könne von Zeit zu Zeit wiederkehren, ja es gäbe vielleicht wirklich das unnennbare Glück, sie bleibe stets in einem Leben gegenwärtig, unterziehe man sich gewissen Bedingungen, nehme man gewisse Verzichte und Entsagungen auf sich, was übrigens, habe man es erkannt, nicht einen Verlust, sondern auch einen Zuwachs an Glücksgefühl bedeute.

Mein Verhältnis zur Natur war schon damals, und ist es noch heute, nicht das Verhältnis eines in die Natur eingebetteten Menschen, sondern das eines Fremden, ja Ausgeschlossenen, aber auf Gedeih und Verderb in Liebe ihr Verfallenen. Ich bin kein selig unbewußter Naturmensch, sondern ein mit allen Fasern und Phasen der Bewußtheit sich nach ihr Sehnender. Ein Bewunderer, ein Anbeter, ein Ehrfürchtiger, aber kein Wissender und kein sie Beherrschender. Sie ist mir solch ein Wesen, daß ich manchmal das Fenster öffne, eine Fliege, eine Wespe hinauszulassen, weil ich es nicht wage, das Tier zu töten. Das ist schon nicht mehr Ehrfurcht vor der Natur, sondern Magie. Die Natur ist für mich mit der Anziehungskraft des Fremden und Geheimnisvollen ausgestattet. Je mehr ich von ihr erfahre, je mehr ich von ihr weiß, um so fremder und geheimnisvoller wird sie mir. Nie werde ich mit ihr vertraut sein, und deshalb werde ich auch nie aufhören, sie zu lieben. So genau, wie ich es heute niederschreibe, wußte ich es damals nicht. Aber ich begriff, es gäbe einen Weg, sich ihr zu nähern. Daß man sie betrachtete in ihren Werken, daß man sie beobachtete, beschrieb, benannte, dem entzog sie sich nicht. Das gewährte sie freigebig. Sie war uns überhaupt kameradschaftlich gesinnt. Sie gewann im

Umgang. Sie gab Freude. Aber ihr Geheimnis wahrte sie. Nur jene, die in sie eingebettet waren, nahmen an diesem Geheimnis teil, waren ein Teil davon, aber eben deshalb sahen sie das Geheimnis nicht.

Alle Menschen, die etwas von der Natur wußten, bewunderte und beneidete ich: Ärzte, Geologen, Botaniker, Zoologen. Sie erschienen mir als eine höhere Kategorie von Menschen, als die Eingeweihten, die Inhaber der Schlüsselgewalt, und die Naturwissenschaft als die Wissenschaft schlechthin.

Es war für mich eine tiefe Freude, mit Eva Welti durch die Genfer Landschaft zu wandern. Wir gingen sehr langsam, weil schon damals ein Hüftleiden meine Führerin stark behinderte. Sie las in der Natur wie in einem Buch, und das war buchstäblich wahr. Sie sah Dinge, die ich nie gesehen hätte ohne sie, obwohl ich sie erblickte. Alles wurde von einer schlichten Einfachheit. In einem alten Notizbuch fand ich ein paar vergilbte Bleistiftnotizen, die ich wohl während eines solchen Spazierganges geschrieben hatte, ein Versuch offenbar, die Fülle einer Stunde zu ordnen. Es ging sehr primitiv zu während einer solchen Expedition. Ich sah in den Tag hinein und fragte, nicht anders als ein Kind; meine Begleiterin antwortete. «Gesehen» steht über jenem Blättchen, und es ist nichts als eine Liste, eine wahllose Aneinanderreihung von Pflanzen- und Tiernamen, aber es hat standgehalten, es genügt, daß ich es lese, und mit allen Düften, allen Farben, mit der Wärme der herbstlichen Sonne, den herben Gerüchen und der wunderbaren stillen Luft, in der wir atmeten, lebt jene Stunde plastisch und wirklich, wirklicher als die Wirklichkeit. Einmal mehr kann ich es erfahren, daß das kleinste

Wort, die kleinste schriftliche Anstrengung sich einst lohnen wird und uns dankbar macht. Es ist für mich ein großes Vergnügen, diese Seite aus dem Notizbuch abzuschreiben.

«Gesehen: Die Bäume: les chênes, les ormaux, les charmes – die Eichen, die Ulmen, die Hainbuchen.

Von Sträuchern und Büschen, der Waldrand, die wilde Waldrebe (Clematis vitalba), Hartriegel, Schwarzdorn, blaue Pflaumenbeeren, wilde Pflaumen mit Gerbsäure. (Sie liegen wie ein violetter Schleier über der Landschaft.) Der Weißdorn (rote, mehlige Beeren), Erle, die rauhen, glanzlosen Blätter sind symmetrisch um den Zweig herum angeordnet, Weiden, Silberpappeln, Brombeer- und Himbeerranken, Winden, Zaunwinden (giftige rote Beeren), Efeu (blühend im Oktober), Pfaffenhütchen.

Von Kräutern: Teufelsapis – Skabiosen (blüht blauviolett), Jakobskraut, kleine Margueriten, Pfefferminze, Schafgarben.

Pilze: Täubling und Ziegenbart.

In den Gärten: Dahlien, Zinnien, Rosen, Artischokken, Kardendistel, große Kürbisse, Fuchsschwanz (roter Stiel, roter Wedel, rote Quaste), Kapuziner, orange und gelb, violette Herbstastern, ganz große Beete, Dominante.

Von Tieren gesehen: viele Elstern, Eichhörnchen, Grünspecht, einen roten Milan, Kühe, Fleckvieh, Simmentaler und Fribourger. Die Grillen zirpen immer noch. Ein Zitronenfalter, ein Tristan, Stare, sich sammelnde.

Vom Pont Butin aus: Eisvogel, Gabelweih, Uferschwalben, Bachstelzen.»

39

Ein wenig später:

«In keiner anderen Gegend der Schweiz findet man eine Landschaft wie in diesem südlichen Teil des Kantons Genf: Harmonie, Ruhe, Gleichgewicht, Größe, Zartheit.»

Noch ein Eintrag gehört hierher:

«Im Sommer 1754 verbrachte Jean-Jacques Rousseau einige Monate im benachbarten Grange-Canal. Er macht eine Seerundfahrt, die sieben Tage dauerte. Sieht die Orte, die in der ‚Nouvelle Héloïse' beschrieben sind. Ich möchte mir eine Stunde vorstellen, Ende September, da er gegen Chêne-Bougeries wandert und all das an Pflanzen und Tieren sieht, was ich auf der vorangehenden Seite aufgeschrieben habe. Kontemplation. Die Erzählung müßte so enden: Ich hatte vergessen, daß ich Jean-Jacques Rousseau war.»

Aber es war nicht eine vage Naturschwärmerei, der ich verfallen war. Verstehen wollen, Kenntnisse erwerben – dies war doch wohl die echte verehrende Haltung der Natur gegenüber. Nichts verlor sie von ihrem Zauber durch das Wissen, sondern immer erhabener, aber auch geheimnisvoller wurde sie. War auch mein Lebenstag fortgeschritten – von diesem Reichtum, von diesem Überfluß mir anzueignen, was ich halten konnte, blieb mir unverwehrt. Ich wollte meine Kenntnisse in der Botanik, der Zoologie, der Geologie und der Astronomie erweitern, festigen. Auf einmal verstand ich: dieses ist wohl die wunderbarste Seite im Leben des Schriftstellers. Er ist frei. Die Welt steht ihm offen. Ungestraft darf er den Lockungen seines Wissensdurstes folgen. Mehr als das: es ist seine Pflicht, sein eigentliches Wesen. Er darf sich alles Verstehen zutrauen. In ihm, kraft seiner

40

Berufung, hat sich noch ein Rest jener Universalität erhalten, die in früheren Jahrhunderten der Ausweis geistigen Adels war.

Am Abend, in jenem Zimmer, dessen Fenstertüren auf die Terrasse hinausführten, besprach ich mit den Freunden einen bibliographischen Plan. Als Kopfkissenlektüre gab mir Eva Welti zwei Bücher mit: die dünne Schrift, in der Wegener seine Theorie, Afrika und Südamerika seien einst ein zusammenhängender Kontinent gewesen, darlegt, und einen Band der «Souvenirs entomologiques» von J.-H. Fabre, den ersten, der mit dem Scarabée sacré, dem Heiligen Pillendreher, beginnt.

Manchmal empfinde ich etwas wie Scham, daß ich meinem Leben eine solche Wichtigkeit beimesse. Aber wir haben ja nichts anderes. Deshalb muß ich auch sagen, daß mit dem zweiten der genannten Bücher etwas in dieses mein Leben einzog, das mich bis zur heutigen Stunde nie mehr verlassen hat: ein Werk, das jedesmal, wenn ich ein paar Seiten lese, die Eigenschaft besitzt, meine Seele mit Heiterkeit zu erfüllen. Ich meine damit jene Empfindung, die sich am Fuße der Föhren auf dem Adlisberg prologartig angekündigt hatte, und die ich in den zwei oder drei Wochen, während deren ich mich in Genf im Haus meiner Freunde aufhielt, in mir herumtrug. Jean-Henri Fabres «Erinnerungen eines Insektenforschers» haben es mir ermöglicht, so scheint es mir, etwas davon in mein Leben hinüberzuretten. Ich will damit nicht sagen, es sei diese Heiterkeit zu meinem ständigen, immer gegenwärtigen Besitz geworden. Davon war ich in den kommenden Jahren, in denen sich meine Fehler, Irrtümer, Verschuldungen, die Nieder-

41

lagen, Demütigungen und Prüfungen häuften, weit entfernt.

Es gab auch lange Zeitstrecken, da ich das Werk Fabres ganz aus meinem Gedächtnisse verlor. Aber jedesmal, wenn ich mich seiner erinnerte und mir aus einer der Bibliotheken eines oder mehrere des zehnbändigen Œuvres holte und mich zu einer Stunde ruhigen Lesens einrichtete, stellte sich der Zauber wieder ein, und immer tiefer, je älter ich wurde.

Wahrscheinlich ist es so, daß wir uns im Laufe unseres Lebens einen Helden erwählen, nicht um ihm nachzueifern, sondern weil wir in ihm einen Menschen sehen, der in der vollkommensten und uns entsprechenden Weise, sei es ein Werk, sei es seine Art, sich im Leben zu verhalten, oder sei es einfach ein Weltbild, verwirklichte. Außer den berühmtesten Prototypen, wie Shakespeare, Goethe, gibt es unzählige, die weniger bekannt sind oder nur in Fachkreisen, und es wäre sicher eine aufschlußreiche Auskunft, die man über die Leute erhielte, wenn man sie dazu veranlassen könnte, ihre Helden zu verraten. Daß dieser Jean-Henri Fabre, der zeit seines Lebens nie aus der Provence herausgekommen ist, zu meinem Leitbild geworden sei, würde wohl nicht ganz der Wahrheit entsprechen – aber ich darf sagen, sein Werk, die zehn Bände seiner «Souvenirs», die er zwischen 1879 und 1907 geschrieben und veröffentlicht hat, sind mir zu einer Art Oase geworden, zu einem meiner Welt entrückten Ruheplatz, von dem ich nie ungestärkt, ohne Trost und ohne eine stille Heiterkeit zurückkehrte. Dabei hatte ich gewiß zu allen anderen Erscheinungen der Natur mehr Beziehungen als gerade zu den Insekten. Weder Forels «Ameisenstaat» noch

Maeterlincks «Leben der Bienen» hatte ich gelesen, und die berühmten Beobachtungen von Frischs kamen erst viel später in die Öffentlichkeit. Aber es waren eben nicht die Mondhornkäfer, Holzwespen, Gottesanbeterinnen und wie sie alle heißen, die Hunderte, Tausende, über die sich das kleine Männchen beugte, um die es mir vor allem ging, sondern um ihn, mehr und mehr, um diesen Menschen Fabre, der noch zu meiner Lebenszeit, am 11. Oktober 1915, in seinem «Harmas» in Sérignan, die Augen schloß. Als er am 22. Dezember 1823 in Saint-Léons im Massif Central (Haut-Rouergue) geboren worden war, lebte Goethe noch, und sollte noch neun Jahre leben. Doch all dies erkundete ich viel später.

«Im Leben jedes denkenden Menschen», so ungefähr schrieb Fabre am Anfang eines Kapitels über die Knotenwespe, «bezeichnen gewisse Lesestoffe den Anfang einer neuen Epoche, die seinem Geiste ungeahnte Horizonte eröffnen. Sie stoßen ihm weit die Türen auf in eine neue Welt, in der sich künftig die Kräfte seines Verstandes erproben sollen. Oft ist ein bloßer Zufall Anlaß zu einer solchen Entwicklung, ein paar gedruckte Zeilen, die uns, wir wissen nicht wie, unter die Augen kommen, entscheiden über unsere Zukunft, lenken uns in die Ackerfurche unseres Schicksals.»

Wäre ich nach der Begegnung mit Fabres «Souvenirs entomologiques» ein Naturwissenschafter, ein Insektenforscher geworden, so würden diese Worte auf mich zutreffen. Aber ich hatte daraufhin nur noch tiefer den Wunsch, zu bleiben, was ich war: ein Schriftsteller. Gerade deshalb vielleicht bezeichnete dieses Leseerlebnis ein entscheidendes Datum in meinem Dasein.

IV

ICH KONNTE während jener Tage in Genf den ersten
Band der Souvenirs nicht zu Ende lesen. Die Zeit reichte
nicht hin, aber auch nicht meine Kenntnisse der naturwissenschaftlichen Ausdrücke in französischer Sprache.
Die Kapitel über den Heiligen Pillendreher und den
Aufstieg auf den Mont Ventoux aber hatte ich mit Entzücken, bezaubert, gelesen. Was mir geschah, wurde
mir auch damals nicht richtig bewußt. Ich befand mich
während jener vierzehn Tage sowieso in einer gehobe-
nen, sonntäglichen Stimmung, es konnte gar nicht anders sein, als daß alles, was ich berührte und was mir
unter die Augen kam, dazu beitrug. Am letzten Abend
vor meiner Abreise zeigte mir Eva Welti noch ein Bild
J.-H. Fabres, wie er an seinem schmalen kahlen Arbeits-
tischchen sitzt, den ewigen schwarzen Filzhut auf dem
Kopf, das kleine entkorkte Tintenfläschchen neben dem
Blatt, den Federhalter in der Hand, ein zierliches, bart-
loses Männchen – der Homer des immensen Insekten-
reiches. «Für uns arme Forscher, die wir uns keine Tief-
seeaquarien, keine raffinierten Laboratorien leisten
können, wurden die Insekten reserviert: die haben wir
stets unentgeltlich und in Fülle zur Hand», hat er einmal gesagt, «die sind das ideale Forschungsgebiet für
die Armen.» Vielleicht dachte er dabei an seinen berühmten Zeitgenossen, mit dem er während einiger Zeit
Briefe wechselte: Charles Darwin.

Nach Hause zurückgekehrt, in meine kleine Wohnung an der Plattenstraße, kehrte ich auch zu den
Schwierigkeiten zurück, die ich zurückgelassen hatte.

44

Mit meinen beiden Romänchen stand ich auf schwachen Beinen, was die Einkommensverhältnisse betraf. Die Verträge, die der Verleger mit dem Anfänger abschließt, drücken das Risiko, das Wagnis aus, das er, der Verleger, eingeht. Er kauft das Papier, bezahlt den Drucker und den Buchbinder, besorgt die Publizität – Geld kann er dem Autor vorläufig keines geben, der soll zufrieden sein, daß überhaupt seine Prosa unter die Leute kommt. Das ist ein grausamer Tatbestand für den Schriftsteller, der ihm bei der Unterzeichnung des Vertrags meistens gar nicht bewußt wird, weil er ja überhaupt nie an Geld gedacht hat, sondern nur an das eine: das Werk, das an die Öffentlichkeit muß. Darauf kommt es ja auch wirklich an beim ersten Werk; beim zweiten beginnt langsam der Gedanke zu spielen, es sei jede Arbeit ihres Lohnes wert, oder, was nicht bezahlt werde, sei auch nichts wert, oder ganz einfach, wer für nichts arbeite, sei im Grunde nichts anderes als ein ehrsüchtiger Dilettant. Diese Schamhaftigkeit des jungen Schriftstellers, sich um das materielle Entgelt seines Werkes zu wehren, seine Furcht, es könnte die Veröffentlichung seiner Arbeit durch den Preis, den er fordert, verhindert werden, sind mitschuldig an dem geringen Ansehen, das der Schriftsteller genießt. Da manche von ihnen einen fixbesoldeten Beruf ausüben, können sie leicht auf die Einnahmen aus ihrer literarischen Tätigkeit verzichten. Demgemäß werden sie nicht nur vom Verleger, sondern auch vom Publikum eingeschätzt: als Nebenarbeiter. Wir in der Schweiz sind leicht bereit, über das «Gesumse» zu spotten, das die Schriftsteller in Frankreich oder Deutschland um sich verbreiten. Wir empfinden es als unbescheiden, undemokratisch. Aber wir vergessen dabei, daß das Unkonformistische, Zigeunerhafte des Künstlers seinen besten Ausdruck im aristokratischen Getue findet.

Kurz, der Ertrag aus dem Absatz meiner beiden Romane deckte noch kaum den üblichen Vorschuß, den ich bei der Ablieferung der Manuskripte erhalten und schon längst aufgezehrt hatte. Um in der Freude und in der Unabhängigkeit schreiben zu können, wäre es notwendig gewesen, meine Lebens- und Einkommensverhältnisse zu regeln; gerade dazu erwies ich mich als unfähig. Ich wurstelte so herum, übernahm kleinere journalistische Arbeiten, deren Honorare ich sogleich einkassierte, übersetzte mit Seufzen einige Bücher vom Französischen ins Deutsche, schrieb Dialoge zu Dialektfilmen – und dies alles wäre in der Tat ein Weg gewesen, einen alleinstehenden Mann über Wasser zu halten, hätten die Sünden und Schulden der Vergangenheit nicht fortwährend drohend ihre Schatten in meine Gegenwart hineingeworfen. Kaum hatte ich unfleißiges Bienchen ein bißchen Honig gesammelt oder ein wenig Wachs ausgeschwitzt, so waren an alten Verpflichtungen Raten und Zinsen zu bezahlen. Dabei passierte noch die absurde Geschichte, daß mir von der städtischen Literaturkommission ein Preis zugesprochen wurde, tausend Franken, den das städtische Steueramt flugs mit alten Steuerschulden kompensierte. Mit Eifer und Gewissenhaftigkeit durchstöberte ich auf der Museumsgesellschaft alle schweizerischen Zeitungen nach Besprechungen über die «Sieben Tage»; das waren eigentlich die einzigen Lichtblicke, die ich zu erwarten hatte. Bei der Lektüre der Kritiken machte ich die Erfahrung, daß viele Rezensenten das Buch überhaupt nicht gele-

46

sen, sondern nur durchgeblättert hatten. Das betrübte mich sehr, denn dies war doch offenbar ein Anzeichen dafür, daß mein Roman entweder langweilig und nicht interessant war, oder aber ganz einfach nicht verständlich. Die andere, wichtigere Erfahrung aber war die, daß beide, Erfolg und Mißerfolg eines Werkes, oft auf einem Mißverständnis beruhen; jenes Mißverständnis, das zur Zustimmung führt, ist dem Schriftsteller viel unangenehmer als die Ablehnung aus Mißverständnis.

In diesen Tagen, also noch vor Ende des Jahres 1935, als ein Vierzigjähriger, mußte ich noch durch eine Erfahrung hindurch, die, wie die Begegnung mit J.-H. Fabres Werk, ein Datum in meinem Leben bildete. Es ist auffallend, wie eine ganze Gruppe von entscheidenden Ereignissen sich um jene Zeit zusammendrängte.

An einem Morgen, oder besser am Ende eines Vormittags – es muß gegen Ende November gewesen sein –, die Luft war frisch, ein leichter Nebel lag über der Limmat, verließ ich das Rauchzimmer der Museumsgesellschaft und wanderte den Quai aufwärts dem See zu. Ich hatte am Morgen noch, in der Konditorei Hegetschweiler im Helmhaus, eine Tasse Kaffee getrunken und einen Gipfel gegessen. Auf der Museumsgesellschaft, wo ich an einem Klapptischchen am Fenster zu arbeiten pflegte, hatte ich mein Päckchen Zigaretten aufgeraucht, und nun besaß ich kein Stück mehr und, buchstäblich, nicht mehr die kleinste Münze. Das war mir auch schon widerfahren. Etwa, daß ich mir einen kleinen Vorrat an Eßwaren angelegt hatte, in meiner Wohnung, Konservenbüchsen mit Linsen oder Bohnen, Brot, Tee, Butter, Käse, Haferflocken – genügend Speisen, um in der belagerten Festung auszuharren und bessere

47

Zeiten abzuwarten. Meistens war ja irgend etwas unterwegs, ein Honorar für einen Artikel oder irgendeine andere Dienstleistung, die Aufsetzung eines Inseratentextes oder die Übersetzung einer welschen Broschüre über die Kindermilch Soundso ins Deutsche, Beträge in der Größenordnung von elf Franken fünfzig bis sechsunddreißig Franken (es ist mir nie gelungen, die Berechnungsarten herauszufinden). Die Morgenstunden der vier vergangenen Tage hatte ich damit zugebracht, dem Geldbriefträger, der zugleich auch Paketträger war, zuerst aufzulauern und dann aber entgegenzugehen. Der gelb gestrichene Handwagen am Straßenrand verriet mir das Haus, in dem er sich aufhielt. Da mein Bangen nach Geld immer dringender wurde, stand ich immer früher auf und wanderte auf immer weiteren Wegen dem Boten entgegen, dessen Morgentour von der Post am Kreuzplatz bis an die Plattenstraße mir auf diese Weise ganz vertraut wurde. Er war ein freundlicher Mann mit einem Sprachfehler, der natürlich meinen Kommers bald durchschaute. Wurde er meiner ansichtig, so streckte er leider in diesen Tagen seinen Zeigefinger in die neblige Luft und bewegte ihn nach der Art einer Zeigerkelle hin und her, wenn der Schütze eine Null geschossen hat, und dann mußte ich mich sehr zusammennehmen, um den guten Mann nicht zu hassen.

Es waren also meine Vorräte aufgebraucht, das Geld ebenfalls, und es näherte sich die Mittagszeit. Wie alle Menschen besaß auch ich Freunde, Bekannte, sogar Verwandte, bei denen ich mir ein wenig Geld hätte ausborgen können – aber an diesem Vormittag spürte ich auf einmal mit Schrecken: ich hatte den psychologischen Moment dazu verpaßt. Ich hätte das früher tun sollen,

48

zu einem Zeitpunkt, da ich noch gleich auf gleich mit den anderen reden, da ich eine Verweigerung noch hätte ertragen können. Aber natürlich, solange ich noch ein paar Franken besaß, schob ich die unangenehme Angelegenheit hinaus. Jetzt aber, da ich buchstäblich nichts mehr besaß und es bei einer solchen Anfrage noch einzig auf die Antwort des Angefragten ankam, war ich vor mir selbst in die Lage nicht eines Darlehenssuchers, sondern eines Bettlers hinabgerutscht. Den Schritt konnte ich nicht tun. Ich kannte ja die Veränderung der Gesichtszüge wohl, die eintritt, sobald Geld verlangt wird, auch rechtmäßig verdientes und geschuldetes Geld. Es hört eben dann, wie der Volksmund ganz richtig sagt, die Gemütlichkeit auf, es wird ungemütlich. Diesen peinlichen Vorgang aber als Darlehenssucher für ein Mittagessen erleben zu müssen, überstieg meine Kraft, das spürte ich.

Die Straßen waren leer geworden, es ging gegen ein Uhr. Mir schien, man sehe es den Häusern förmlich an, wie sie vollgepfropft waren von Menschen, die sich sättigten. Ich sah im Geiste die Familientische, auf denen die Suppen dampften, die Küchen, in denen erregte Köchinnen an aromatischen Töpfen hantierten, Kinder, wie ich einst eines gewesen war, die nicht essen wollten. Hier draußen im Freien war alles glasig und hatte haarscharfe Umrisse. Dem ganzen Seeufer entlang war kein Mensch zu sehen; eilig, als hätte ich ein Ziel, wanderte ich neben dem gußeisernen Geländer einher. Das war es also. Ich hatte keinen Hunger, ich litt Hunger. Es war eine völlig andere Art von Hunger als jene, die man verspürt, wenn man aus religiösen oder hygienischen Gründen fastet. Das Gebot eines Glaubens oder die Vorschrift des Arztes sind Mächte, denen wir uns freiwillig, aus Entschluß und Einsicht unterziehen. Der Hunger aus Armut kommt ganz woanders her. Es entsteht in uns, wenn wir diese Art von Hunger haben, auch eine Nüchternheit, eine Ernüchterung von besonderer Art. Dieser Hunger ist eine Schuld, die uns unser Körper rücksichtslos vorwirft. Wir haben die ersten und einfachsten Pflichten verletzt, die das Leben uns stellt. Da sind der Mund und die Zähne, der Magen, und ihre Funktion ist, daß Nahrung hineinkommt, die Beine sollen hingehen, wo es Speise gibt, die Arme, die Hände, sie sollen zugreifen und sie ihnen zuführen. Und der Kopf soll denken, wie es anzustellen sei, dazu ist er ja da. Was Hunderttausende können, das solltest auch du können: deinem Körper für regelmäßiges Essen sorgen. Wenn dein Beruf dich hungern läßt, so ist es ein falscher Beruf, dann gib ihn auf. Tu ein Werk, das Nahrung bringt, Brot, so spreche ich, dein Körper.

Aber dennoch – auch dies zu sagen gebietet die Aufrichtigkeit – brachte dieser Zustand nicht nur Demütigung und beißende Reue. Seltsam frei, klar und von erstaunlicher Gelassenheit blieb der Kopf. Ich verlor die Übersicht nicht, ich wußte, daß ich mich in einer sehr unangenehmen Situation befand, nicht in einer wirklichen Gefahr, aber in einer mißlichen, selbstverschuldeten Lage, und was unausweichlich drohte, war dies: daß ich mir dies von fremden Menschen oder befreundeten oder von Verwandten ins Gesicht sagen lassen mußte. Neben einem zimperlichen, übertriebenen Selbstbedauern rührte sich aber noch etwas anderes: eine Art süß-schmerzlichen Stolzes, daß mir dies wirklich begegnet war, daß ich es erlebte und erlitt, weil ich eine Entscheidung auf mich genommen hatte, ein Wagnis, ein Abenteuer: ein freier schweizerischer Schriftsteller zu sein.

Es wird behauptet, nach einer gewissen Zeit des Hungerns beginne der Körper aus seinen eigenen Vorräten zu zehren, es stelle sich die Glykogenernährung ein. Solches muß sich bei mir vollzogen haben an jenem Tage; das Hungergefühl schwand – und wie durch eine Erleuchtung zeigte sich mir ein Weg, wie ich noch einmal entschlüpfen könnte, ohne Demütigung. Lebhaften Schrittes, dieses Ziel vor Augen, begab ich mich in meine Wohnung, ergriff das Köfferchen mit der Portable-Schreibmaschine und begab mich zur Pfandleihanstalt der Zürcher Kantonalbank an der Löwenstraße, die ich dann, ledig meines schriftstellerischen Handwerkzeugs, aber einen mir wieder Selbstsicherheit und für ein paar Tage Ruhe verschaffenden Geldschein auf der Brust, verließ. Solche Auswege des geringsten Widerstandes bergen in sich die Gefahr, daß man, da keine augenblickliche Notlage mehr vorliegt, die Lösung des eigentlichen Problems wieder auf sich beruhen läßt. Das tat auch ich, wenigstens an diesem Tage. Ich begab mich in das Bahnhofbuffet zweiter Klasse und verzehrte zu einer für solche Mahlzeiten ungewohnten Stunde das damals berühmte, drei Finger hohe Filetbeefsteak mit Mark und Kräuterbutter und eine Portion Nüßlisalat und trank ein Glas Beaujolais; und als ich aus dem Gebäude kam, war wahrhaftig noch etwas Verwegenes und Herausforderndes in mir. Die Skala der Gefühle während eines einzigen Tages ist sehr groß, und namentlich ist nie vorauszusehen, in welcher Reihenfolge sie erscheinen.

Immerhin, es wurde mir bald bewußt, welche Beschränkung und welche Fessel ich mir mit der Beleihung meiner Schreibmaschine auferlegt hatte; der rote Schein mußte bar bezahlt werden, wollte ich wieder in den Besitz meines Eigentums gelangen. Und ich mußte, und möglichst bald, denn inmitten all dieser Unannehmlichkeiten und Schwierigkeiten hatte ein Teil von mir, irgendeine sich selbständig gebärdende Parzelle meines Ichs angefangen, sich mit dem sogenannten Opus drei zu beschäftigen, und da hätte es wohl einen schönen Familiendisput mit bitteren Wahrheiten gegeben, wäre zur gegebenen Stunde die Portable nicht zur Verfügung gestanden.

Auf die Kritik einer Zeitung über meine «Sieben Tage» hatte ich mit besonderer Spannung gewartet. Sie war wohlwollend, aber sie bedeutete für mich dennoch eine große Enttäuschung, weil sie nicht durch den Feuilletonredaktor selbst verfaßt worden war. Über dieses eigenartige, sich stets wiederholende Spiel zwischen Autor und Rezensenten wäre viel zu sagen. Es verliert, je älter der Autor wird, von seinem Reiz, aber für den jungen Schriftsteller, den Anfänger, hat es eine Bedeutung, die ans Absurde grenzt. Für die Leute, die nicht in dem Ding sind, ist die Febrilität, mit der der junge Autor nach dem Echo seiner Publikation lechzt, unbegreiflich, unvorstellbar. Der Betreffende benimmt sich schlechthin wie ein Wahnsinniger, jedes Verständnis für Wirklichkeit und Maß ist ihm abhanden gekommen. Was Gutes über seine Arbeit gesagt wird, klingt ihm wie Sphärengesang, aber das leiseste Wort des Zweifels, das der Rezensent zu äußern wagt, erfüllt ihn mit grimmigem Haß, schäumender Wut, mit der Empfindung hoffnungsloser Verdammnis. Er sieht sich als das Opfer einer Verschwörung, der Intrige, der hermetischen Clique, die die Literatur für sich gepachtet hat, als das Racheobjekt eines Kritikers, der ein verhinderter Dichter ist, er sieht sich hinabgeschleudert in die finstersten Schächte der Sinnlosigkeit, am liebsten möchte er Selbstmord begehen, aber so, daß alle Schuld an diesem Akt auf das Scheusal, den Zyniker, den Neidhammel fällt, der es gewagt hat, gewisse Zweifel und gewisse Vorbehalte auszusprechen. Das ist ein krankhafter Zustand. Er wird verständlich, wenn man weiß, was es bedeutet, bis wirklich etwas zustande kommt, und was für Klippen der junge Schriftsteller zu überwinden hat, bis endlich sein Büchlein im Schaufenster des Buchhändlers liegt. Von diesem Augenblick an eilt die Kurve seiner Gemütserregung ihrem Höhepunkt und der Katharsis zu. Hat er dann einige Male tüchtig Hiebe erhalten und hat er sich über gewisse lobende Stimmen, die sich unfehlbar auf jene Stellen seines Werkes beziehen, die er schon wieder bereut, geärgert, dann fährt er langsam in den Hafen der Selbstbesinnung und der vernünftigen Maßstäbe wieder ein, und Jahr für Jahr wird es besser, bis dann der schöne Augenblick kommt, wo er sich überhaupt nicht mehr um die Kritiken in den Gazetten kümmert und selbst jene, die ihm von Freunden zugesandt werden, ungelesen beiseite legt. Nun, von diesem Zustand war ich in der Zeit, von der hier die Rede ist, noch weit entfernt.

Es rührt mich, wenn ich unter dem 3. Dezember 1935 den Eintrag in meinem Tagebuch lese: «Heute erschien die Kritik. Wie ist der Mensch klein und kindisch in seinen Hoffnungen: seine wahre Größe erreicht er nur in

53

den Enttäuschungen. Aber jetzt an die Arbeit! Das ist der wahre Sinn der Enttäuschungen: wachsen.»

Ein bißchen später folgt noch der brave, aber nicht sehr originelle Satz: «Im Grunde genommen ist es gut, daß uns das Leben nicht zu leicht gemacht wird.»

Ich kannte einen Dramatiker, der seine Frau anwies, ein mehrbändiges Konversationslexikon, Artikel um Artikel, durchzulesen, von A bis Z, auf der Suche nach einem für die Dramatisierung geeigneten Stoff. Diese Qual habe ich nie gekannt, mehr hingegen jene der Wahl. Auch damals, nach den «Sieben Tagen», boten sich mir mehrere Themenkreise an; abwechslungsweise, manchmal auch gleichzeitig, bastelte ich an ihnen herum, abwartend, zögernd, gleichsam als wollte ich jedem von ihnen eine Chance geben, sich durchzusetzen. So viele Themen hat übrigens ein Schriftsteller während seines ganzen Lebens gar nicht zur Verfügung, ein Dutzend scheint mir schon sehr viel. Es herrscht unter dem Wirrwarr, dem Chaos der sich andrängenden und aufdrängenden Stoffe eine ganz eigenartige Ökonomie; die verworfenen, die fallengelassenen Sujets sind nie dauernd abgewiesen. Meistens kommt später dennoch ihre Stunde, und dann sieht der Schriftsteller auch, warum sie noch warten mußten. Erfahrungen, Erlebnisse und Reife fehlten noch.

Der Mann, der für die Turngeräte verantwortlich ist, für die Figuren und Bretter im Schachklub, der Sorge zu den Sachen trägt, die Trambillets ordentlich in den hiefür bestimmten Korb wirft, kurz, jener Schweizer, der die Ehrfurcht vor dem Material hat, der gegen die Vergeudung, die Verschleuderung ist, der Materialverwalter – dieses war eines der Themen, die mich damals beschäftigten. Es lockte daran besonders die Vorstellung, es sei in diesem «Materialismus» etwas Geistiges verborgen und geborgen, die ganze schweizerische Neutralität sei darin, die es dem Lande ermöglicht hatte, hundert Jahre Frieden zu wahren und damit nicht nur das Material zu schonen, sondern auch einen unschätzbaren Vorrat an Selbstvertrauen, vernünftiger Einsicht, gerechter Gesetzgebung, Jugenderziehung und Jugendbildung zu stapeln.

Die furchtbare Reklame der Lebensversicherungsgesellschaften, die mit dem sicheren, nur im Zeitpunkt ungewissen Tode ein teuflisch suggestives Spiel trieben – auch hierin schien mir ein Thema angeschlagen, das in geschäftlicher Sprache an die letzten Dinge rührte und uns, die Schweizer, die wir unvergleichlich sind in der Abschätzung und der Verteilung der Risiken, besonders anging.

Von einer Automobilfahrt nach Schmerikon am oberen Zürichsee und von dem schwyzerischen Orte Tuggen, das am Rande einer weiten Riedebene liegt, in der einmal erfolglos nach Öl gebohrt worden war, brachte ich die konfuse Vorstellung einer Gegend und eines Geschehens nach Hause, die wert waren, näher betrachtet zu werden. In der Erinnerung war es mir, als hätte ich eine der geheimnisvollsten Landschaften der Schweiz betreten.

Von den guten Vorsätzen, die ich in Genf niedergeschrieben hatte, war nicht mehr viel zu spüren. Mehr als früher glich mein Leben einem lotterigen Provisorium, und meine Neigung, von Tag zu Tag weiterzustolpern, von kleinem Geldbetrag zu kleinem Geldbe-

55

trag, von der Hand in den Mund weiter zu wursteln, war vielleicht nach außen hin nicht offenbar, aber ich selbst sah genau, wie es in Wirklichkeit um mich stand. Von jener Harmonie zwischen Lebensführung und Werk, die mir vorschwebte, war nichts zu bemerken. Noch immer, wenn ich schrieb, saß ich sozusagen mit einem Viertel auf meinem Stuhl, den linken Arm erhoben, zur Abwehr bereit. Ich habe aus jener Zeit einen Zettel gefunden, der überschrieben war «Katalog der Dinge, die einem Angst einflößen können». Unter anderem war da zu lesen: «Träumen, man komme aus den Schulferien zurück und habe seine Aufgaben nicht gemacht», oder «Zu einer prominenten Persönlichkeit ins Zimmer treten und vergessen haben, wie man heißt», oder «Der Briefträger war während unserer Abwesenheit da und der Aviszettel eines abzuholenden Chargébriefes liegt im Briefkasten». Für einen Psychoanalytiker wird es zweifellos leicht sein, diese Vorstellungen zu deuten. Aber auch ein psychologisch Ungeschulter wird sogleich begreifen, was damit gemeint war. Für mich selbst bestand nicht der leiseste Zweifel über die Interpretation. Es handelte sich ganz einfach darum, daß ich ein schlechtes Gewissen hatte, daß ich mit mir selbst nicht im reinen war. Das Gewissen ist das Gewisse, der Rest ist das Ungewisse, und mit diesem Ungewissen lebte ich, es war der Sand, auf den man die Illusionen, die Luftschlösser oder einfach das provisorische Leben baut. Daß man seine Aufgaben nicht erfüllt hat, daß man eingeschriebene Briefe mit fürchterlichen Drohungen erwartet und daß man fürchtet, über der steten Flucht vor dem Unangenehmen schließlich nichts mehr zu sein, seinen Namen zu vergessen und zu verlieren, –

in dieser Liste nahmen sich ja die Ängste nicht einmal die Mühe, sich zu verkleiden.

Trotzdem, wenn ich das alles aus einer Distanz von etwa fünfundzwanzig Jahren betrachte, so muß ich mir sagen, in was für einer glücklichen Zeit lebten wir damals noch. Es handelte sich eigentlich um nichts anderes als um materielle Schwierigkeiten. Mit einer nicht sehr hohen Summe Geldes hätte das alles aus der Welt geschafft werden können. Das Ende jenes Jahres fünfunddreißig muß noch einer glücklichen Epoche angehört haben – bedenkt man, was dann kurze Zeit später an Ängsten, Gefahren und Drohungen über uns alle kam. Von all dem findet sich in den Notizen kein Wort. Zeiten, in denen die Leute sich selbst noch so wichtig nehmen, wie ich es tat, müssen glückliche Zeiten sein.

Immerhin, Geldsorgen und Geldschwierigkeiten zu bagatellisieren, das ist wohl auch nicht die rechte Einstellung. Ich hatte einen um einige Jahre älteren Mann gekannt, mit dem ich nicht eng, aber auf eine kameradschaftliche Weise befreundet war; der pflegte immer zu sagen: «Plaie d'argent n'est pas mortelle.» Dieser Mann nahm sich das Leben, eben wegen Geldschwierigkeiten, wie sich nachher herausstellte. Der Schriftsteller sei ein Bettler, der das Leben eines Rentiers führen sollte, liebte ich zu behaupten. Überblicke ich meine Erfahrungen, so muß ich sagen, daß beide, Reichtum und Armut, der Ausreifung des Werkes nicht förderlich sind. Armut ohne Schulden und alte Verpflichtungen, ein kleines, aber hinreichendes Einkommen aus Nebenarbeit, dies ungefähr ist nach meiner Erfahrung der gedeihlichste ökonomische Zustand des Schriftstellers. Geld macht

57

nicht glücklich, aber es beruhigt so, lautet die bekannte scherzhafte Definition. Bei Schriftstellern konnte ich manchmal die Beobachtung machen, daß diese Beruhigung zu weit gedieh, daß unter der Narkose der Sorgenfreiheit der schriftstellerische Trieb einschlief; es entstand überhaupt nichts mehr.

Zu große Bedürftigkeit des Schriftstellers hat noch eine andere Folge, an die man zu wenig denkt. Die Armut schließt den gesellschaftlichen und freundschaftlichen Verkehr mit wohlhabenden Menschen aus. Das scheint in unserem Lande, mit seinen echten demokratischen Lebensformen, eine ungeheuerliche Behauptung. Aber sie entspricht einem Tatbestand. Dabei ist es eben nicht etwa so, daß der arme Schriftsteller von gutgestellten Freunden und Bekannten nicht eingeladen und manchmal auf jegliche Weise gefördert und unterstützt würde. Der langsame Abbruch der Beziehungen und Verbindungen geht vom Schriftsteller aus. Sicher sind es nicht der Neid und die Mißgunst, die ihn dazu bewegen. Was es mir verunmöglichte, in gewissen Familien weiterhin zu verkehren, das war ihre ihnen nicht einmal bewußte Taktlosigkeit. Wenn man als Gast an einem Tische sitzt und vielleicht noch einen Franken baren Geldes sein eigen nennt, so müssen einem Gespräche über ein «Bénéfice von achtzehn Mille» oder über einen anzulegenden Tennisplatz oder Nachferien in St-Tropez oder auch nur über einen von Rodier gezeichneten Shawl mit der Zeit gallig machen. Man kommt sich dann als Lazarus, als armer Verwandter vor; man wird ungerecht, steigert sich in eine ganz künstliche soziale Kritik hinein, spielt Geld und Geist gegeneinander aus – kurz, man wird wirklich klein und

58

mißgünstig, und was das Peinlichste ist, undankbar. Ich glaube, es ist diesem Umstande zuzuschreiben, wenn in der deutschschweizerischen Literatur die wohlhabenden Leute oft leicht verzeichnet sind, entweder im Schatten des Vorwurfs oder im Lichte des Sarkasmus. Der Fehler liegt auf der Seite des Schriftstellers, dem es an Reife, Souveränität und Würde fehlt und der deshalb mit dem Reichen nicht verkehren kann, ohne sein heimlicher Widersacher oder sein Clown zu werden. Für einen Anfänger, wie ich es damals war, brauchte es dann nur noch etwa einer Bitte der Dame des Hauses, ich möchte ihr doch einmal das Buch leihen, das ich geschrieben hätte, oder der Bemerkung des Gastgebers «Sie müssen wissen, ich lese nie Romane, besonders keine schweizerischen, ich kann den Heimatstil nicht ausstehen», und ich ward nie mehr gesehen. Eine andere Variante ist die, wenn der Kohlenhändler vertraulich gesteht, er werde jetzt dann auch einen Roman schreiben, er habe ihn schon angefangen. Das Schwerste für den Schriftsteller aber sind wohl jene Wohlwollenden und Gönnerhaften, die fragen: «So, schreiben Sie wieder ein Büchlein?» Auch das ist natürlich sehr nett, wenn man von einem Herrn gefragt·wird: «Bekommen sie einander in Ihrem nächsten Buch?» Einen zartbesaiteten Lyriker sah ich leichenblaß werden, als ein Mann, auf die poetisch-duftende Skizze anspielend, die soeben in der Zeitung erschienen war, zu ihm sagte: «Ich habe Ihren Artikel gelesen ...» Dieser unserer Empfindlichkeit und der gedankenlosen, einfühlungsarmen Art vieler Gastgeber ist es zuzuschreiben, wenn das große Unternehmertum der Schweiz in unserer Literatur ignoriert oder verzerrt wiedergegeben wird. In vielen unserer Romane gilt «reich» als ein Synonym für schlecht, schurkisch; wird ein Vermögen geerbt, so ist der Erbe unwürdig, ein Nutznießer und Parasit der Arbeit des Vaters; wird es erworben, so kann dies nur auf jene harte, rücksichtslose Art, die über Leichen geht, geschehen sein. Das menschliche Verständnis, das wir Schriftsteller für unseren besonderen Fall fordern, lassen wir manchen Mitmenschen gegenüber vermissen.

V

DEN WAHREN ERZÄHLER erkennt man daran, daß
er irgendwo mit seiner Geschichte beginnen kann, vorn
oder hinten, oder auch irgendwo in der Mitte, und es
entsteht mit der Zeit ein rundes und zusammenhängen-
des Bild. Manchmal beschleicht mich ein Zweifel, ob es
mir wohl gelingen werde, den Fluß meiner Erzählung
dorthin zu lenken, wo ich möchte.

Bei Weltis in Genf hatte ich von einer alten Zimmerlinde gesprochen, die in meiner Wohnung stand. «Hast
du sie zum Blühen gebracht?» fragte mich Eva. Ich war
über diese Frage sehr erstaunt. Erstens war es mir überhaupt nicht bekannt gewesen, daß Zimmerlinden blühen könnten – ich hatte sie immer als eine reine Blatt-
pflanze angesehen – und zweitens, was um Himmels
willen konnte man tun, um eine Zimmerlinde zum
Blühen zu bringen?

Wenn sie vom Steckling einer blühenden Pflanze ab-
stamme, so müsse sie auch Zellen in sich tragen, die eines
Tages Blüten bildeten, wurde mir erklärt. Aber wie man
sie dazu bringen könne? Durch Geduld, Beharrlichkeit,
Liebe.

Wenige Wochen nach meiner Rückkehr aus Genf ent-
falteten sich an meiner schon viele Jahre alten Pflanze
weiße Blüten, zum erstenmal. Ich hatte ihr keine besondere Pflege angedeihen lassen. Kann man ‚nichts tun als
das Gewöhnliche, Alltägliche‘ schon als Konstanz, als
Geduld bezeichnen? Sind Beharrlichkeit, Ausdauer
schon tätige Eigenschaften, oder wird uns das ‚gleich
sein, aber stetig sein‘ schon als eine aktive Tat angerech-

net? Erwerben wir uns schon eine Art Verdienst, indem wir dauern, überdauern? Fast scheint es mir, es müsse so sein, denn einiges, was mir gelang, kann ich nur mit dieser ungewußten Ausdauer erklären: aus einer Haltung, in der kein anderes Verdienst steckt als ein Wünschen und Sehnen, doch beharrlich und durchgehend. Von den drei Themen, die sich mir dargeboten hatten, begann jenes, das unter dem Schlagwort ‚Tuggen‘ lebte, langsam und auf kuriosem Wege nach vorn zu rücken. Am Anfang ist das Spiel, könnte man sagen, wollte man die Tätigkeit des Schriftstellers bezeichnen. In meinem Falle war es das Spiel mit Handbüchern über die Technik der Erdölbohrungen, mit Büchern über die mutmaßliche Herkunft von Mineralölen, mit einer Expertise des Geologen Heim über die Bohrstellen im Tuggener Ried, aber all das nicht sehr ernsthaft, mehr so ein Tändeln, eben ein Spiel, ein Vorwand, mit dem Anschein einer vernünftigen Tätigkeit in Lesesälen und Katalogräumen. Die ganze sogenannte Dokumentation des Schriftstellers wird vom Laien sehr überschätzt – sie ist im Grunde genommen nichts anderes als das Kreisen um den heißen Brei, ein willkommener Grund, mit der eigentlichen Arbeit noch nicht beginnen zu müssen. Man könnte es auch mit den Tänzen vergleichen, die ein Wasserscheuer auf der Treppe aufführt, die in das schauderhaft kühle Element hinabführt. Wenn ein Schriftsteller sich mit sehr vielen Büchern umgibt, wichtig in Bibliotheken und Leseräumen ein- und ausgeht, so kann man mit großer Sicherheit daraus schließen, daß er blufft, vor sich selbst und den anderen. Da er aber meistens einen sehr honetten Seelengrund hat, wird er fast immer selbst der erste Gefangene dieses Bluffs, und dann setzt er alles daran, aus diesem Bluff eine Wahrheit zu machen. Eine lügnerische Behauptung kann man nicht auf eine andere anständige Weise aus der Welt schaffen als dadurch, daß man sie wahr macht. So wird aus dem Spiel Ernst.

In dem Themenkreis, den ich mit meinem Ausflug nach Schmerikon und Tuggen berührt hatte, war aber mehr enthalten als Technisches und Soziologisches. Wanderte man über die Stoppeln des langsam verlandenden Sumpfes der Linthebene, so federte und schwankte der Boden unter den Fußsohlen, und wenn man ganz draußen war, in der Einöde, ähnelte die Empfindung jener, wenn man ganz draußen auf einem gefrorenen See steht. Verlassenheit, Fragwürdigkeit, Angst, aber auch lockende Fremdheit hatten mich umgeben während eines einsamen Ganges, als ich von der Straße weg in das riesige Rund winterlicher Dürre hineingelaufen war, an den haushohen Meilern der Streustöcke vorbei und zwischen ihnen hindurch, die heidnischen Mahnmalen gleichen aus der Zeit, da die irischen Mönche Gallus und Kolumban in der Gegend erschienen waren und das Christentum predigten.

Nun aber trug die Zimmerlinde Blüten, und ich konnte es als ein Sinnbild auslegen für das, was mir geschah. Es war mir in meinen Gesprächen mit den Freunden in Genf und aus einigen Seiten der Souvenirs Fabres eine neue Art, die Welt zu sehen, aufgegangen: naiv und exakt. Es kam zuerst einfach auf dies hinaus, die Natur verliere nichts von ihrer Größe durch das Wissen über sie, sondern im Gegenteil, sie werde noch großartiger dabei. Aber dies war nur ein Anfang; was Herzklopfen verursachte, das war etwas wie ein Versprechen, ein

Ahnen, nein mehr, eine Gewißheit, aber nicht zu nennen und nicht auszusprechen, es gebe eine zauberhafte Art, im Leben zu stehen, gefeit von allen üblen Eigenschaften, mit sich selbst im reinen und in Harmonie mit allen schöpferischen Absichten, eine Tapferkeit ohne Ruhm und ein Rechttun aus Selbstverständlichkeit. Es war der alte Traum von Reinheit, Freiheit und Schuldlosigkeit.

Die drängend erwachte Lust zu schreiben, die der Schriftsteller verspürt, wenn tief im Unbewußten ein Keim sich rührt, ein Werk, das ans Licht möchte, sich ankündigt, sie ist einem Gefühl der Heimatlosigkeit gleich, der Sehnsucht nach einem Zuhause. Wirklich ist es auch so: wenn man sich an den Tisch setzt, vor das Schreibheft, die Feder in der Hand, so hat man die Empfindung einer Heimkehr, das

Sanft dämmert das tiefe Zuhause gebrochener Lüfte ...

Albin Zollingers.

Aber noch können die beiden nicht zusammenkommen, der Autor und sein Werk. Es ist, als hörten sie sich, als könnten sie sich mit ganz fernen Klopfzeichen miteinander so weit verständigen, daß sie wenigstens um die Richtung wissen, in der sie sich nach einander sehnen dürfen.

In einem solchen vorschöpferischen Zustande, in dieser Konzeptionsbereitschaft entsteht dann eine Art von Lesewut, ein Stöbern, ein Aufscheuchen von Büchern in der wahllosesten Weise, als müßte in einem dieser Blätter der Schlüssel zum Verlies des ungeborenen Werkes, die Formel, das ‚Sesam' verborgen, vergessen liegen. Solche in der Gebärnot gelesene Bücher brauchen mit dem Gegenstand des geplanten Werkes gar nichts zu

64

tun zu haben, sie sind Wegzehrung, Zeitvertreib, die Dauer der Reife abzuwarten. Ich kann es auch so ausdrücken: noch weiß ich nicht, was mein Satz sagen wird, aber ich höre ihn klingen, mir ist, als vernehme ich die Folge seiner Vokale, seinen Rhythmus.

In jenen Tagen ward es mir wie eine Erleuchtung, daß ich an die Zentralbibliothek dachte. Als einen Schatz trug ich die zehn Bände der ‚Souvenirs entomologiques‘, diese viertausend Seiten einer Apokalypse nach Hause.

Noch heute fällt es mir schwer, auszudrücken, worauf eigentlich die Bezauberung gründet, die dieses Insektenforschers Werk auf mich ausübte und fortfährt, es zu tun. Ich brauche nur wahllos nach einem der Bände zu greifen, eine Seite aufzublättern, einen Satz zu lesen, über den Copris lunaire, den Mondkäfer etwa, über die Köcherfliege, den Skorpion aus der Languedoc, und ich bin nicht mehr da, ich bin er selbst, dieser kleine Volksschulmeister von Avignon, und ich beuge mich unter der glühenden Sonne der Provence, in einem Maquis von Thymian und Lavendel und den fußhohen Wäldchen der Zwergeichen, über die Nester der Mörtelbiene, und ich habe keine andere Sorge, keine andere Sehnsucht mehr als jene, zu wissen, zu sehen, wie dieses Geschöpf lebt – nichts als das Geheimnis seines unscheinbaren, unbeachteten Daseins zu erforschen und dann es zu sagen, hinzusetzen in Worten, in Sätzen, die wahr, unumstößlich wahr sind, ergründet in Tagen, Wochen, Jahren, Jahrzehnten geduldiger beharrlicher Beobachtung, und hingeschrieben in der einfachsten Sprache.

«Andere», meint Fabre einmal, «haben es mir vorgeworfen, daß meine Sprache der akademischen Feier-

65

lichkeit, ich würde sagen der Trockenheit entbehre. Sie befürchten, eine Seite, die man ohne Ermüdung zu Ende lese, könne nicht die Wahrheit enthalten. Würde ich ihnen glauben, so wäre also nur das Dunkle und Unverständliche der Ausdruck wahrer Gedankentiefe. Ach, kommt her, all ihr Stachelträger, und ihr mit euren gepanzerten Flügeldecken, verteidigt mich und zeugt für mich! Sagt es ihnen, in welch inniger Vertrautheit ich mit euch lebe, mit welcher Geduld ich euch beobachte, mit welcher Gewissenhaftigkeit ich jede eurer Handlungen aufzeichne. Euer Zeugnis wird einhellig sein: meine Seiten, ohne leere Formeln, ohne zusammengelesene Weisheiten, sind die genaue Erzählung von Tatsachen, die ich selbst beobachtete, nicht mehr, nicht weniger. Wer immer – nach mir – euch befragen wird, er wird die selben Antworten erhalten.»

Alles, was Fabre schreibt, ergreift mich; seine einfachen, fast naiven Seiten, manchmal voll der banalsten Beobachtungen, sie sind immer der Ausdruck des Maßes, des gesunden Menschenverstandes, des Gleichgewichts, der Klarheit. Aber wie leben sie, wie schlicht menschlich sind sie!

Vor dem zweiten, 1882 erschienenen Band der Souvenirs steht folgende Widmung:

«Meinem Sohn Jules.

Geliebtes Kind, mein leidenschaftlicher Mitarbeiter, wenn es um die Insekten ging, mein Gehilfe in der Botanik, für dich hatte ich diese Arbeit begonnen, für dich habe ich sie weitergeführt und für dich werde ich sie fortsetzen, selbst in der Bitterkeit meiner Trauer. Ach, wie ist der Tod scheußlich, wenn er die Blume hinwegmäht in der ganzen Pracht ihrer Entfaltung. Deine

66

Mutter und deine Schwestern legen dir Blumen auf den Stein, die sie auf der von dir so geliebten ländlichen Erde gepflückt haben. Ihren Kränzen, die die Sonne eines Tages welken läßt, habe ich dieses Buch beigefügt, das, so hoffe ich, weiterleben wird. So scheint es mir, setzten wir gemeinsam unsere Forschungen fort, gestärkt und aufrechterhalten, wie ich es werde durch meinen unerschütterlichen Glauben an ein Wiedererwachen im Jenseits.»

Jeder der zehn Bände der ‚Souvenirs entomologiques‘ hat einen eigenen Ton, eine besondere Klangfarbe und vielleicht auch ein eigenes geheimes untergründiges Thema. Fast wäre ich versucht, die neun Symphonien Beethovens anzuführen; da ich aber auf dem Gebiete der Musik nur ein passiver Genießer und Nutznießer bin, ohne tiefere Kenntnis und Bildung, so würde ein solcher Vergleich gerade dem Geist Fabres widersprechen. Er war so ehrenwert, nie von etwas zu sprechen, das er nicht selbst erarbeitet hatte.

Aber dieser zweite Band, dem die zitierten Stellen entstammen, ist ein besonderer in der Reihe. Nicht nur der forscherlichen Ausbeute, sondern auch der Dinge wegen, die Fabre über sich selbst berichtet.

« Was ich mir wünschte, hoc erat in vocis: ein Stücklein Erde, oh, nicht gar groß, aber umfriedet, den Unannehmlichkeiten der Landstraße entrückt, ein verlassenes, unfruchtbares Stück Land, ausgebrannt durch die Sonne, so wie die Disteln und die Hautflügler es lieben.»

Dieser Traum, dieser Wunsch, den er stets vor Augen hatte und der sich immer wieder, Jahr für Jahr, in einer nebelhaften Zukunft zu verflüchtigen schien, er ist ihm, in diesem Jahre 1880, im Alter von 57 Jahren in Erfüllung gegangen.

«Wie soll man an ein solches Versuchsfeld, an ein solches Laboratorium im Freien denken, solange man von der schrecklichen Sorge um das tägliche Brot umklammert wird? Vierzig Jahre habe ich mit unerschüttertem Mut gegen die armseligen Nöte des Lebens gekämpft; und nun ist dieses so heiß ersehnte Laboratorium doch gekommen. Was es mich an Beharrlichkeit, an harter Arbeit gekostet hat, will ich nicht zu schildern versuchen. Es ist da, und mit ihm vielleicht, noch wichtiger, ein wenig Muße. Vielleicht, sage ich, denn noch schleppe ich an mein Bein geschmiedet einige Ringe von der Kette des Sträflings mit mir herum. Der Wunsch ist in Erfüllung gegangen. Ein wenig spät, meine schönen Insekten, und beinahe fürchte ich, der Pfirsich werde mir dargeboten, da es mir an den Zähnen zu mangeln beginnt, um hineinzubeißen. Ja, es ist ein wenig spät geworden, die weiten Horizonte von einst sind zu einer drückenden Wölbung geworden, die von Tag zu Tag sich tiefer herabsenkt. Um nichts traure ich in der Vergangenheit als um jene Lieben, die ich verloren habe, nichts wünsche ich mir zurück, nicht einmal die zwanzig Jahre meiner Jugend, aber ich erhoffe auch nichts mehr, ich bin da angelangt, wo man sich, gebrochen durch die Dinge, die einem widerfahren sind, zu fragen beginnt, ob zu leben sich lohnt.

Doch inmitten der Ruinen, die mich umgeben, blieb ein Stück Mauerwerk unerschütterlich auf seinem Grunde stehen: meine Liebe zur wissenschaftlichen Wahrheit. Wird dies genügen, meine arbeitsamen, geschickten Hautflügler, daß ich eurer Geschichte, auf

68

meine Weise, noch ein paar Seiten hinzufüge? Werden meine Kräfte den guten Willen nicht im Stiche lassen?»

«Und dann, meine geliebten Insekten, wenn ihr die braven Leute nicht überzeugen könnt, weil euch das Gewicht der Langweiligkeit fehlt, laßt mich es ihnen sagen: *ihr* zerstückelt das Tier, aber ich studiere es lebend, ihr macht aus ihm einen Gegenstand des Schreckens und des Mitleids, und ich mache, daß man es liebgewinnt; ihr arbeitet in einer Folterkammer und in einem Schlachthof; ich beobachte es unter blauem Himmel, beim Gesang der Zikaden; ihr erprobt Zellen und Protoplasmen in den Reagenzien, ich studiere den Instinkt in seinen höchsten Kundgebungen; ihr erforscht den Tod, ich erforsche das Leben. Und warum soll ich nicht alles sagen: die Wildschweine haben das klare Wasser der Quellen getrübt. Die Naturgeschichte, das herrlichste Lehrobjekt für junge Menschen, ist um dieser Zellforschung willen zu einer scheußlichen und abstoßenden Sache geworden. Wenn ich zwar für die Gelehrten schreibe, die eines Tages das schwere Problem des Instinkts werden lösen wollen, so schreibe ich doch auch, und dies zuallererst, für die Jungen, die ich wieder jene Naturwissenschaft möchte lieben lernen, die man ihnen verleidet hat. Und deshalb, auch wenn ich mich skrupelhaft an die Wahrheit halte, verzichte ich auf den wissenschaftlichen und oft so barbarischen Jargon der Fachgelehrten.»

Für Fabre beginnt das große Abenteuer seines Lebens. Alles, was er bisher geleistet, alles, was er gelitten, erduldet hat – nun bekommt es seinen Sinn und wird verständlich. Auch dem ihm Fremden, dem Menschen,

der die Geschichte seines Lebens verfolgt, ist es, als
würde ein Vorhang gehoben.

«Im Überfluß, und ohne mein Dazutun, haben sich
alle die Unkräuter eingefunden, die einen umgegrabe-
nen, aber dann sich selbst überlassenen Boden überwuchern. Allen voran natürlich die Quecke, das abscheu-
liche Gräsergewächs, das ein erbitterter dreijähriger
Kampf nicht auszurotten vermochte. Dann kommen
die Centaureen, die störrischen, von Stacheln starrend
und Morgensternen: die Flockenblume der Sonnen-
wende, die Bergflockenblume, die Fußangel, die distel-
artige. Inmitten ihres unentwirrbaren Dickichts erhebt
sich da und dort, einem Kandelaber gleich, dessen
Flammen die riesigen orangenroten Blüten sind, die
wilde Spanische Golddistel, und ihre Stacheln sind so
stark wie eiserne Nägel. Noch höher als sie wächst die
Illyrische Krebsdistel mit einem Schaft, der ein bis zwei
Meter hoch wird, und der mit einem dicken, purpurro-
ten Knauf endet. Das ganze Distelgeschlecht ist vertreten: die wilde Kratzdistel, so wohlbewehrt, daß der
arme Botaniker kaum weiß, wo sie anfassen, die lanzett-
liche Kratzdistel mit ihren großen Blättern, deren Ner-
ven alle als Lanzenspitzen enden, die Nadelkörbchen der
Schwarzdistel. Und zwischen ihnen kriechen die langen, dornbewehrten Schnüre der blaufruchtigen Brom-
beere. Wer in dieser dornigen Wildnis die honigsam-
melnden Hautflügler beobachten will, muß Stiefel an-
ziehen, die den halben Oberschenkel bedecken, will er
nicht blutzerschunden zurückkehren. Solange der Boden noch Reste des Frühlingsregens in sich bewahrt,
entbehrt diese wilde Vegetation eines gewissen Zaubers
nicht. Setzt aber die Dürre des Sommers ein, dann ist

70

alles nur noch ein trostloses Gelände, und ein Streich-
holz genügte, es von einem Ende zum andern in Flammen aufgehen zu lassen. Das ist, oder besser: das war,
als ich davon Besitz ergriff, mein Eden, in dem ich von
nun an in der innigsten Gemeinschaft mit meinen Insekten zu leben gedenke. Vierzig Jahre eines gnadenlo-
sen Kampfes hat es mich gekostet, es zu erringen. Dieses
erwünschte und verwunschene Stück Land, dem niemand eine Handvoll Senfkörner anvertrauen wollte,
ist das irdische Paradies der Hautflügler. Seine mächtige
Vegetation von Flockenblumen und Disteln lockt sie
alle von weither herbei. Nie auf meinen entomologischen Streifzügen sah ich eine solche Menge von ihnen
auf einem Fleck Erde vereinigt; die ganze Sippe hat sich
hier ein Stelldichein gegeben.»

VI

ICH HATTE es schwer, wenn ich Fabres Prosa las, in die
Gegenwart, in die winterlichen Tage zurückzukehren;
aus innigstem, tiefstem Herzen heraus begriff ich, was
es für diesen Mann gewesen sein mußte, den «Harmas»
gefunden zu haben, das verlassene Haus, das verwilderte Stück Land, und das Ganze von einer unüber-
steigbaren hohen Mauer umfriedet. Dieses Eden der In-
sektenvölker, es war auch sein paradiesischer Garten,
aus dem nichts ihn mehr vertreiben konnte und auch
nicht mehr sollte bis zu seinem Tode. Sie kamen zu ihm,
seine geliebten Insekten, denen er sein Leben geweiht
hatte. Nun konnte er stundenlang auf dem Boden liegen
und dem Treiben dieser geheimnisvollen und ältesten
Geschöpfe unserer Erde zusehen, ohne daß die Leute
sich über diesen Narren die Köpfe zu zerbrechen
brauchten. Ich spürte auch, was es bedeutete für einen
Menschen, der seine Bestimmung, damit aber auch
seine Grenzen erkannt hat, der an dem kleinen, ihm zu-
gewiesenen Orte leisten will, was seine Talente und
seine Kräfte ihm gewähren – und der durch eben diese
Bescheidung, durch diese Selbstbescheidung, zu echter
Größe emporwächst.

War die Analogie so abwegig, die ich, der beginnende
Schriftsteller, zum eigenen Leben, zu den eigenen Wün-
schen zog? Wollte nicht auch ich diese unübersteigbare
Umfriedung, wollte nicht auch ich diesen Garten, in
den die Träume mir und die Bilder zu Gaste kämen?
Mußten in mir nicht, wenn ich Fabres Sätze über seinen
,Harmas' las, die Hölderlinschen Verse emportauchen?

... du Garten, wo ich, wandernd
Unter den Blüten, den immerjungen,
In sichrer Einfalt wohne, wenn draußen mir
Mit ihren Wellen allen die mächtge Zeit,
die wandelbare, fern rauscht und die
stillere Sonne mein Wirken fördert ...

Jean-Henri Fabre war auch ein Schriftsteller. Was er in
nie erlahmender Geduld gesammelt und in seinen Hef-
ten und Registern niedergeschrieben hatte, Tag für
Tag, Jahr für Jahr, aber auch Stunde für Stunde – zum
Werk, zum Monument sind diese Beobachtungen, zum
feststehenden Ergebnis sind seine Versuche erst geworden, als er sie erzählte, ein Buch daraus machte, an seinem winzigen Tischchen schreibend, in seiner ruhigen
kleinen Schrift, mit seiner Feder, die er in das entkorkte Tintenfläschchen tauchte, das zwei Sous gekostet
hatte. Bis der erste, der zweite Band seiner Erinnerungen
erschienen war, was war er bis dahin für die «andern»,
die Mitbürger, die Mitmenschen gewesen? Ein gewiß
achtenswerter, leicht skurriler freier Professor, der seine
sämtlichen Diplome als ein verbissen-fleißiger Autodidakt sich selbst erschafft hatte, ein Fanatiker der naturwissenschaftlichen Aufklärung, der Volksbildung, – von
wenigen erkannt, aber von den Behörden, denen die
Schulen unterstanden, auf die jämmerlichste Weise entlöhnt. Nur in der Provence, in Südfrankreich war es
möglich, überhaupt zu leben, mit einer Familie, so wie
Fabre in Avignon, in Orange lebte. Das Land war freigebig, die Sonne nahm dem Menschen manche Sorge
ab für die Heizung, für die Kleidung, und die Früchte,
das Brot, sie waren um wenig Geld noch zu erwerben.

Als es Fabre möglich geworden war, sein Haus, seine Wüste zu erwerben, war dies für ihn jener Augenblick, nach dem ein jeder geistige, jeder tätige Mensch strebt: hier wurde er er selbst. Endlich füllte er den Raum aus, den er sich ausgespart hatte im Bild seiner Zukunft. Als die paar ersten Bände der Souvenirs erschienen waren, enthüllte sich endlich einigen Mitmenschen, wer er war und was er wollte. Er wurde gerechtfertigt. Sein Dasein gewann einen Sinn, vieles, was man an ihm belächelt oder gescholten hatte, manche Geste, manches Wort, sie fügten sich allmählich zu einem Bilde zusammen, so wie in einer übersättigten Lösung die Kristalle zusammenschießen. Allerdings, dieses sinnvolle Bild erkannten vorläufig nur wenige, sein Verleger Delagrave, ein paar Freunde, Darwin, dem Fabre den ersten Band gesandt hatte und von dem der Ausspruch stammte, Fabre sei der unvergleichlichste Beobachter, der Philosoph Stuart Mill, ein Nachbar Fabres in Orange – aber vor allem: er selbst wußte nun, daß er angelangt war, nicht in einem Hafen der Ruhe, aber vor dem Werk, das zu tun seine Bestimmung und seine Erfüllung war.

Dieser Mann Fabre hatte verwirklicht, wonach ich selbst strebte. Er konnte sich seinem Werke widmen, er konnte es tun ohne Hast, in der Muße, der Stille, der Selbstvergessenheit – genau so, wie ich mir das Leben des Schriftstellers vorstellte, von dem ich noch so weit entfernt war.

Aber es waren ja nicht äußere Widerwärtigkeiten allein, die mich verhinderten, zu werden, was ich werden wollte. Wohl führte ich manchmal einen absurden Kampf der Geldnot wegen. Eine groteske Korrespondenz mit der Behörde, um wenigstens einen Teil des mir

zugesprochenen Preises ausbezahlt zu erhalten, große
Anstrengungen, die verpfändete Schreibmaschine wieder auszulösen, Übersetzungen der Kindermilch-Re-
klametexte, die von der Firma als unliterarisch abge-
lehnt wurden, Zusammenstellung von Sprüchen für einen Abreißkalender, zahlreiche Entwürfe für einen Re-
klamefilm über eine Hautcreme – das waren die miß-
mutig und mangelhaft ausgeführten Hausaufgaben, die
mir das Schicksal aufgab, allerdings mit der lockenden
Belohnung, daß ich dafür hie und da ein paar Sätze, eine
Seite, nach meinem Begehren und Gefallen würde
schreiben dürfen. Bare zwanzig Franken in der Tasche,
war ich für einen Tag König in meinem Reich, ein Fla-
neur, ein Genießer, ein Kaffeehausgast, weil mich ganz
das Wissen erfüllte: innerhalb der nächsten vierundzwanzig Stunden erreicht dich keine Not, es ist ein Tag,
der ganz dir gehört. Aber in diesen Verschnaufpausen
wurde nicht, wie man es hätte erwarten sollen, gearbeitet. Die wenn auch nur für kurze Zeit erreichte Abschir-
mung wurde zum heiteren Lebensgenuß verwendet und
verschwendet; leichtsinnig, kurzsichtig folgte ich dem
Gefälle des Vergnügens. Wohl hatte ich eine Sehnsucht,
aber ich hatte keine Kraft, ihr zu gehorchen. Die Not
lehrte mich vielleicht beten, sie entlockte mir vielleicht
auch einige Tränen des Selbstbedauerns, aber ihre viel-
gerühmte Eigenschaft, den Willen zu stählen, sie bewährte sich in meinem Falle nicht. Für einen ‚Harmas‘
war ich noch lange nicht reif; hätte das Schicksal ihn
mir gewährt, ich glaube, ich hätte einen Liegestuhl
darin aufgestellt und zahllose Zigaretten geraucht –
aber geleistet hätte ich nichts. Ich konnte Fabre nur bewundern, mich in ihn hineinträumen, aber tun wie er,

75

nämlich hart arbeiten auf dem Gebiete meiner Neigung, meiner Freude, meines Talentes, das konnte ich nicht. Ich durchschaute mich, ich analysierte mich schonungslos und genau – meine damaligen Notizen sind voll solcher meisterlicher, nicht schmeichelhafter Selbstporträts – aber mit dieser bitteren Selbstkritik war auch schon das Sühne- und Selbstbestrafungsbedürfnis erfüllt. Es blieb rein literarisch. Ich war wie ein Mann, der eine große Zahl wichtiger Dinge zu erledigen hat – aber wenn er sie alle fein säuberlich aufgeschrieben hat, so tut er nichts mehr, es ist ihm dann, als hätte er sie schon getan. Plänemacher sind nicht immer Verwirklicher; im Gegenteil, Pläne zu machen, Programme aufzustellen ist oft ein Vorwand, nichts zu tun, so wie Selbsterkenntnis oft einer ist, zu bleiben, wie man ist. Ich selbst, war ich nicht jener Faule, von dem in den Sprüchen die Rede ist: «Wie lange liegst du, Fauler? Wann wirst du aufstehen von deinem Schlaf?» Oder im Koheleth: «Ein Narr schlägt die Finger zusammen und verzehrt sich selbst.»

Ein alberner Besucher der Fastnachtsbälle um jene Zeit, ein Mitmacher und ein Sprüchemacher, ein Achselzucker und Spötter – war ich das nicht alles in jener Zeit? Es ist wahr, ich beherbergte einen Kritiker, der mit mir ziemlich scharf ins Zeug ging, aber dieses bessere Ich, dieses Gewissen, oder wie immer ich es nennen mochte, hatte eine rein passive Funktion, man könnte sagen, eine erkenntnistheoretische, aber keine erkenntnispraktische. Es zeitigte kein Resultat.

Wie gut würde es sich nun machen, könnte ich sagen, es sei mir aus der Lektüre von Fabres Souvenirs, aus meiner Bewunderung für diesen Mann, aus der Wärme

76

der provenzalischen Sonne, die ich beim Lesen dieser
Seiten ständig auf meinen Schultern fühlte, es sei mir
daraus der Anstoß, der Umschwung gekommen. Aber
es würde nicht wahr sein. Ich genoß Fabre, ich freute
mich an seinen Büchern, er war mir eine Art Vorbild, ein Modell für das Leben, das ich hätte führen
wollen, aber all das blieb literarisch, ohne Verpflichtung auf ein Tun, auf einen Entschluß, geschweige denn
auf eine Tat. Ich griff zu seinen Büchern, so wie man in
die Ferien geht, so wie man die Welt flieht, so wie man
sich selbst zu entkommen sucht. Sie gewährten mir jene
Selbstvergessenheit, wie sie unsereinem sonst nur die
Arbeit am Werk gewährt oder das Landschaftsmalen.

Wenn man sehen will, was an einem Schriftsteller
dran ist, muß man ihn in seiner sterilen Epoche betrachten; denn hochgemut und edel sein in einer Zeit, da man
an einem Werk arbeitet, das ist keine Kunst. Eine Notiz
dieser Art findet sich um jene Periode herum aufgezeichnet. Ein solcher Betrachter hätte einen ziemlich
jämmerlichen Eindruck von mir haben müssen, denn
das getane Werk war nicht derart, daß mir daraus hätte
Trost und Zuversicht fließen können. Im Gegenteil, was
ich geschrieben hatte, erschien mir immer problemati-
scher. Ich mochte mich meines Werkes nicht rühmen,
wenn ich es auch nicht verleugnete. Ich kam mir armselig vor mit meinen zwei Romänchen.

Aus all diesem Wirrwarr in mir und um mich herum
tauchten doch manchmal Gedanken und Leitsätze empor, die sich irgendwo ausgebrütet hatten und mit denen ich mich einverstanden erklären konnte.

«Es ist leichter, im Leser Ungeduld, Spannung zu erwecken als Geduld. Ich möchte ihn geduldig machen;

er müßte Freude haben an jeder Seite, Gegenwarts-
freude, und Bedauern, wenn es zu Ende ist.»

Oder:

«Das Einfache ist die Vollendung. Damit etwas einfach wird, braucht es viel, viel Zeit. Man sollte sich davon nicht abschrecken lassen. In der Einfalt gesehen
und es einfach sagen, das ist die Meisterschaft.»

Wenn immer es sich einrichten ließ – das will nicht
nur sagen, wenn ich das Geld für die Fahrkarte besaß,
sondern wenn ich mich aus meiner albernen lethargi-
schen Lebensweise herausreißen konnte –, fuhr ich an
den Obersee hinauf, nach Schmerikon, und wanderte
Grynau, Tuggen zu. Immer wieder suchte ich die Stelle
im Tuggener Ried auf, wo der Bohrturm gestanden
hatte. Inmitten der hartgefrorenen, bereiften Stoppeln
stak noch eine kurze, schiefe Stange, das war alles, rings
um mich war ein großes Schweigen, hier war ein Mittel-
punkt, weit draußen am Ende der Ebene, ringsum, standen die Hügel und Vorberge wie die Estraden um das
Rund einer Zirkusmanege. Alles schwieg und barg ein
Geheimnis, eine Geschichte, die ich erzählen wollte,
aber ich wußte ihren Anfang nicht, nicht wie sie weiterging und nicht ihr Ende, aber ich hörte sie klingen, ihre
Sätze, ihren Rhythmus, ihr Gefälle, und ich wußte um
ihre Botschaft, das, was sie mir brachte, und jenes, das
vielleicht mir aufgetragen war zu sagen, daß ich in Be-
tracht kommen könnte, dieser stummen, unerlösten Geschichte Mund zu werden.

In diesen Schaudern der Vorankündigung dachte ich
oft an J.-H. Fabre, vielleicht gar nicht an den echten,
sondern an jenen, den ich mir langsam zurechtzuden-
ken begann, den armen, tapferen Mann, der in einer

aus Zeitungspapier zusammengedrehten Tüte den Kot
der Maultiere auf der Straße, jenen der Schafe auf der
Wiese und jenen der Hasen im Thymian sammelte, für
den Heiligen Pillendreher, dessen Geheimnis, dessen
achttausendjähriges Geheimnis es zu lüften galt. Nichts
war diesem Frager zu gering, keine Stellung zu unbe-
quem, keine Stunde zu heiß und kein Tag zu lang – nur
die Antwort zählte, die einfache Antwort auf die einfäl-
tige Frage.

Ich muß in jenen Monaten, folge ich dem Ariadnefa-
den der Notizen hinab in die Zeit, ein merkwürdiges
Leben geführt haben. Die Maskenbälle der Fastnachts-
wochen wurden offenbar sehr wichtig genommen.

«An Maskenbällen gibt es solche, die die Larve von
außen sehen, und solche, die durch die Larve hindurch
das Außen sehen; nur einem Dichter kann es einfallen,
das Innere einer Larve neugierig zu betrachten, das
gipsweiße, konkave Gesicht mit den toten Augen, das
die Rückseite eines Menschengesichtes ist.»

Neben profunden Weisheiten solcher Art finden sich
aber auch ganz vernünftige Arbeitsnotizen, die ich
heute noch mit Vergnügen und ohne mich vor Pein
ducken zu müssen, lesen kann.

«Gespräch mit Anton Janser, Inhaber der Gastwirt-
schaft zum ‚Schlüssel‘ in Tuggen. Zeigte mir im Hinter-
stübli die Photographie des Bohrturmes. Die Tiefboh-
rung wurde von einer Zürcher Firma ausgeführt, nach
dem System Racky, Salzgitter, Hannover, unter der
Leitung eines Ingenieurs Scheibe, der in Rumänien
über hundert Bohrtürme eingerichtet hatte. Sie kamen
bis auf 1660 m hinunter, dann kam die Bohrung zum
Stillstand nach 2 $^1/_2$ Jahren. Der Turm war zu schwach,

es entstand eine Schiefbohrung. Die ganze Belegschaft war deutsch, zweieinhalb Jahre wohnten sie in Tuggen; als die ersten Ölspuren kamen, ließen sie die Möbel kommen, aber diese waren zu groß für die kleinen Zimmer der Häuser von Tuggen. Einer von ihnen ist hier gestorben. Als alles zu Ende war, gingen einige Tuggener Mädchen mit ihnen nach Ungarn und heirateten. Sie haben Tag und Nacht gebohrt. Eines Tages kam der Ingenieur zu mir und meldete mir heimlich, ich solle es nicht ausplappern, es sei Öl gekommen. ,Können Sie mir tausend pumpen?' Mit der Genoßsame von Tuggen hatten sie einen Vertrag wegen des Kulturschadens. ,Wir leben vom Streuried. Wir wollen nichts anderes daraus machen.' Die Verlandung bringt es mit sich, daß die Riedbauern mit der Güllenbenne die Karpfen aus den Löchern holen konnten. Verschiedene eigenartige Rechte: das Lattenrecht (Recht, Zäune errichten zu dürfen), das Gehrtrecht (Herstellung von Weidengeflechten), ein Satzungsrecht für das Vieh. Die Pferdezüge, Reckzüge durch den Linthkanal sind ein Privileg: Janser zeigte mir den letzten Bohrkern. Stein, ganz glatt.»

Auch meine primitiven Kartenskizzen des Gebietes zwischen beiden Buchbergen betrachte ich heute noch gerne und jene der Kirche von Tuggen mit dem Käsbissendach ihres Turmes und dem Walmdach des Vorbaus. Sie wurde 1490 geweiht, und an der Wand neben der Türe klebt ein Känzelein, zu dem eine wackelige Stiege hinaufführt.

«Zu Fuß: Benken, Oberer Buchberg, Gießen, Benken, über das Ried nach Uznach. Am sogenannten Entenseelein. Stehendes Wasser zwischen Polstern mit Schilf, Binsen, Seggengräsern. Gefährlich. Durch das

Ried gehen die Leute alle gleich, sie heben ihre Knie, die Gräser halten sie zurück. Man muß warten, bis ein Fuß abgestellt ist, festen Halt hat, dann erst kann man den anderen heben. Merkwürdige Farbe des Rieds: gelbrot. Wandern auf den gemähten Polstern. Große Einsamkeit. Das Summen in der Luft rührt von der Freiluft-Station Uznach/Grynau her. Ölflecken schwimmen auf dem Wasser aller ‚Gräben'. Rabichona ist der alte Name für Benken. Hier wirkte St. Meinrad 824–828 n. Chr.»

Wie handfest und beruhigend wirkt auch die Flora des Linthgebiets, die ich mir zusammenstellte. Bis vor wenigen Jahren besaß ich das dazu gehörende Herbarium noch, das aus jener Zeit stammte, zum Teil von jener Fußwanderung über das Ried.

«Das Streu aus den Riedern von Tuggen und Kaltbrunn liefert das Besenriedgras (Molinia coerulea L.), Kaltbrunn allein hat ungefähr 120 Hektaren Streuland, das 20 000 Franken im Jahr einträgt. Aber auch die Steife Segge (Carex elata All.) und das Schilf liefern Streue. An Sumpfpflanzen: das insektenfressende Fettkraut (Pinguicula vulgaris L.), das Wollgras mit den silbergrauen Haaren (Eriphorum), das Studentenröslein (Parnassia), der Fieberklee, den man gegen die Malaria anwandte, das Läusekraut, der Sonnentau. An den Rändern der Seelein, Tümpel und Gräben: der Wasserdost, der Gelbweiderich, der Wolfsfuß, die Schwertlilien, das Knabenkraut. In den Gräben findet man die Laichkrautpflanzen, die Seerosen; die kleinen Gebüsche sind Sanddorn, Weiden, Erlen; an Bäumen: die Birke, der Faulbaum, die Esche.»

Noch heute brauche ich nur diese Worte zu lesen – Stenogramme –, und bis auf den Geruch, den Wind, das

81

leise Wanken und Nachgeben der Polster, wenn man über das Ried wandert, das Summen der Freileitungen, das Glucksen in den moorigen Löchern, das leise Sirren der Schilfblätter und die Stille und die Einsamkeit, sie sind in einer fraglosen Wirklichkeit um mich. Von der geliebten Genfer Landschaft herauf, wo ich Besseres, Sichereres nicht wußte, um etwas von ihrem Zauber zu bewahren, als die nüchterne Bestandesaufnahme ihrer Pflanzen und Tiere, zog sich ein Bogen in die Linthebene, in der ich stand, in der ich herumirrte, zwischen den riesigen Streustöcken, und etwas suchte, und wußte nicht was. Vergleicht man ein solches Tun, an einem gewöhnlichen Werktag, mit jenem all der Menschen, die geordnet und streng ihrer Arbeit nachgingen, dem Notwendigen, Zweckhaften, Sinnvollen – es konnte einem ganz bange werden. War es nicht Müßiggang, Tagdieberei, Tarnung im Grunde für Arbeitsscheu? War es einzugestehen, konnte man es verantworten? War es nicht einfach, ganz nüchtern gesagt, Flucht, Arbeitsflucht? Mit solchem Spiel fängt es an, das Tun des Schriftstellers, wichtig tun mit Büchern, mit Spaziergängen, Ausflüchten, Ausflügen mit dem blauen Dunst ungezählter Zigaretten, mit widerwilligen Notizen, mit übertriebenem Eifer und Gründlichkeit des Nachschlagens in allen möglichen und unmöglichen Werken – und auf einmal wird die Last des ‚so tun als‘, die Schuld des Vormachens und der halben Lüge, vor sich selbst und den andern, so groß, daß es gar keinen anderen Ausweg mehr gibt, als sie zur Wahrheit zu machen. So entstehen Werke.

Aber davon war ich noch weit entfernt. In einem Schaufenster, im Lichte eines grellen, die Sonne vortäuschenden Scheinwerfers hatte ich eine Familie frisch ausgeschlüpfter Kücken gesehen, in einer Brutmaschine ausgebrütet, einer Art großen Henne aus Aluminium, zu der sie von Zeit zu Zeit wie zu einer Mutter zurückkehrten, um sich zu wärmen oder zu bergen, ein herzzerbrechender Anblick. Zusammen mit der tüchtigen, wenn auch leicht tötelnden Reklame der Lebensversicherungsgesellschaften ergab sich daraus die Vision zum «Heiteren Lebensabend», einer Komödie, die in einem Schaufenster spielt, vor einem Häuschen: zwei alte Leutchen haben den Auftrag, den Vorteil einer Lebensversicherung zu erläutern; man hört alles, was sie sprechen, auf der Straße, aber die zwei sind wirklich arm, arm und weit davon, jene Vorteile zu genießen, die sie preisen und anpreisen. Sie haben diese Anstellung in extremis angenommen.

Doch auch die andere Verlockung, der bei uns so verbreitete Typus des Materialverwalters, begann zu rumoren. Dieses Wettbewerbs der Ungeborenen noch nicht genug, verbrachte ich – ich sollte eigentlich sagen vertrödeln, aber das wäre eine Blasphemie – ganze Tage mit den Souvenirs von Fabre. Sie hatten nichts mit meiner Arbeit zu tun, und dennoch las und blätterte ich in ihnen, als wäre darin mein künftiges Werk verborgen, als schlummerte in ihnen mein Lebensgeheimnis. Noch immer sind es die Nachrichten aus dem ,Harmas'.

«Das ist die Wollbiene (Anthidium). Sie kratzt den wie mit Spinnweben bedeckten Stengel der Sonnenwende-Flockenblume ab und bringt so ein Bällchen Baumwolle zusammen, das sie stolz am Ende ihrer Mandibeln davonträgt. Unter der Erde fabriziert sie daraus ein

83

kleines Filzsäckchen, in das sie, neben einem genügenden Vorrat von Honig, ihr Ei legt.»

Sonnenwende-Flockenblume? Der Müßiggänger, der Zeithaber, er kann der Versuchung nicht widerstehen, einmal im Schinz nachzusehen, ob es diese Centaurea solstitialis L. bei uns auch gibt. Aber gewiß, das ist sie ja, Seite 713, doch nicht sie selbst, die Subspezies, die Centaurea eusolstitialis Gugler, mit dem graufilzigen Stengel; sie blüht im Juli und August, in jungen Klee- und Luzernefeldern, an Schuttstellen, Straßenrändern, auf dem Eisenbahngelände, in Kiesgruben und Steinbrüchen, selten und unbeständig (Heimat Südeuropa, Südwestafrika, Nordafrika). Die «Flora der Schweiz» von Schinz und Keller ist ein wunderbares Buch; sie und die «Geologie der Schweiz» von Arnold Heim und das offizielle Kursbuch der Schweizerischen Bundesbahnen würde ich mit mir nehmen, sollte mich ein hartes Schicksal in die Fremde verschlagen. In diesen drei Büchern fände ich die ganze Heimat wieder. Es sind Bücher zum Träumen.

«Und jene dort, die so eifrig sammeln, das sind die Blattschneider (Megachile), die unter dem Bäuchlein eine kleine Bürste tragen, aus Sammelhaaren, schwarz, weiß oder feuerrot. Wenn sie mit den Disteln fertig sind, dann suchen sie benachbarte Sträucher auf, aus deren Blättern sie ovale Stücke herausschneiden, die sie zu Tüten zusammendrehen; da hinein kommt dann die Ernte. Und die dort, im schwarzen Sammetkleidchen? Das sind die Mörtelbienen (Chalicodoma), die mit Zement und Kies arbeiten. Ihre Maurerwerke werden wir auf großen Kieseln im ‚Harmas‘ finden. Jene, die so lärmig und hastig herumsummen, das sind die Pelzbienen (Anthophora); sie errichten ihre Nester in den Löchern alter Mauern und an besonnten Borden. Und da, die Osmia, die Mauerbiene! Eine von ihnen ist gerade dabei, ihre Zellen in der Spirale eines leeren Schneckenhauses übereinander zu schichten; jene bohrt das Mark aus der welken Ranke eines Brombeerstrauches, das gibt ein röhrenförmiges Logis für ihre Larven, aber sie teilt es durch Zwischenwände in Stockwerke auf. Ein abgeschnittenes Schilfrohr auf dem Boden erfüllt den selben Zweck für eine dritte. Eine vierte begnügt sich mit den verlassenen Galerien irgendeiner anderen Blumenwespe ...

Das Wohnhaus war ebenso verlassen gewesen wie das ganze Grundstück. Als der Mensch fortgezogen war und sie ihrer Ungestörtheit sicher, kamen die Tiere herbei und nahmen von allem Besitz. Die Grasmücke schlug ihren Wohnsitz in den Fliederbüschen auf, der Grünling unter dem dichten Dach der Zypressen; unter die Dachziegel stopften die Sperlinge Stoffetzchen und Stroh, in der Krone der Platane zwitscherte der Girlitz, dessen molliges Nestchen nicht größer ist als die Hälfte einer Aprikose; am Abend wiederholt die Steinohreule unzählige Male ihren eintönigen Ruf; der Vogel Athens, der Steinkauz, ächzt und klagt. Vor dem Haus liegt ein großes Bassin, vom Aquädukt gespeist, der den Brunnen des Dorfes das Wasser liefert. Hier geben sich die Frösche und Kröten von einem Kilometer in der Runde ihr Stelldichein, ‚en la saison d'amour'. Die Kreuzkröten, mit den gelben Streifen auf dem Rükken, und die manchmal so groß sind wie ein Teller, kommen herbei und nehmen ihr Bad. In der Abenddämmerung hüpfen die Männchen der Geburtshelferkröten herum, an den Hinterbeinen eine Dolde von befruchteten Eiern tragend, von denen ein jedes groß wie ein Pfefferkorn ist. Von weit her kommt er, der gutmütige Familienvater, mit seinem kostbaren Paket, um es ins Wasser zu bringen. Wenn das geschehen, schlüpft er unter irgendeinen Stein, von wo man seine Stimme vernimmt, und sie gemahnt an das Klingeln eines Glöckchens. Die Laubfrösche, wenn sie nicht gerade im Gezweig quaken, üben sich in zierlichem Tauchspringen. Im Mai aber, beim Hereinbrechen der Nacht, verwandelt sich das ganze Bassin in ein ohrenbetäubendes Orchester; wir können kein Wort mehr verstehen bei Tisch, wir können nicht mehr schlafen. Wir mußten die Ordnung wieder herstellen, mit Mitteln vielleicht, die ein bißchen zu streng waren. Aber was blieb uns anderes übrig? Wer schlafen will und nicht kann, wird grimmig.»

Fabre wird es nicht müde, die Bewohner seines ‚Harmas‘ aufzuzählen – ich habe stark gekürzt, – es ist die reinste Arche Noah, hört man ihm zu. Alle Honigsammler, alle Raubjäger sind vertreten, die seltensten Exemplare, alte Freunde und neuere Bekanntschaften, die da alle in den Centaureen, den Disteln, in den Mauern, im Sande sammeln, jagen, bauen; und sollte das nicht genügen, ein paar hundert Meter weiter östlich von Sérignan beginnen die Berge mit ihrem Maquis, den Gebüschen von Erdbeerbäumen, Zistrosen und Heide, mit den sandigen Hängen, wie sie die Wirbelwespen lieben, und den Böschungen im Mergel, dem bevorzugten Bauterrain vieler Hautflügler.

«Darum, weil ich diesen Reichtum voraussah, bin ich nach Sérignan gekommen, in die ländliche Einsamkeit, um zwischen meinen Rüben zu jäten und meinen Lauch zu begießen.»

86

Nicht ohne ein wenig Ironie und nicht ohne eine leise Bitterkeit gedenkt er der großen ozeanographischen Laboratorien, die am Mittelmeer unten, in Monaco, gegründet wurden, mit ihren starken Mikroskopen, delikaten Sezierapparaturen, den Fanggeräten, Schiffen, dem zahlreichen Personal und den Aquarien, die dazu gehören. «Die Molluske, das Seetier ist nun die große Mode; des Meeres Tiefen werden ausgebaggert, aber wissen wir, was unter dem Boden vorgeht, über den wir täglich schreiten? Wann endlich», fragt er damals, um 1880 herum, «wird ein Entomologisches Laboratorium geschaffen, in dem man nicht das tote, zerstückelte Tier studiert, sondern das lebende Insekt, seine Sitten, seine Instinkte, seine Art zu leben, seine Kämpfe, seine Fortpflanzung? Wäre es nicht eine große Aufgabe, durch unumstößliche und geduldige Versuchsserien die Grenze zwischen Intelligenz und Instinkt einmal festzulegen? Gibt uns vielleicht sogar die Insektenkunde Antwort auf die Frage über das Wesen der menschlichen Vernunft? Die Landwirtschaft nicht nur, auch die Philosophie, die Psychologie sind an all diesen Fragen interessiert. Aber vielleicht wechselt die Mode einmal.

Inzwischen habe ich im Harmas mein Laboratorium des lebenden Insekts eröffnet, und es wird den Steuerzahler keinen Centime kosten.»

VII

«DIESE DREI BÜCHER würde ich mit mir nehmen,
sollte mich ein hartes Schicksal in die Fremde verschlagen.» Was für einen seltsamen Satz habe ich da geschrieben, ein paar Seiten vorher? Er ist mir herausge-
rutscht, in völliger Selbstverständlichkeit, es mußte ein
Teil meines Weltbildes sein von damals, dieses «sollte
ein hartes Schicksal mich in die Fremde verschlagen».
  Die Erklärung ist einfach genug, bedenke ich die Zeit
um das Jahr sechsunddreißig herum. Tatsächlich
kannte ich auch Leute, die fortgezogen waren, geflohen
aus der bedrohlichen Nachbarschaft des neuen Reiches,
nach Amerika, Familien jüdischer Abstammung und
jüdischen Glaubens, Männer, die ihre Geschäfte verkauften, ihre Stellungen aufgaben, auch schweizerische
Staatsbürger, deren Aufbruch mich am tiefsten erregte.
Ich kannte die genauen Gründe ihres Verhaltens nicht,
es war die Angst natürlich, aber woher kam sie? Fürch-
teten sie die militärische Überrumpelung der Schweiz,
oder trauten sie etwa der Schweiz selbst nicht? Fürch-
teten sie das Land anfällig für jene Ideologien? Ich
konnte sie nicht fragen, denn sie waren fort, in großer
Heimlichkeit abgereist. Mit einem von ihnen hatte ich
tags zuvor, auf der Plattform eines Straßenbahnwagens,
noch ein paar Worte gewechselt.
  Für mich selbst bestand kein Problem. Einmal war
ich militärdienstpflichtig, und pflichtig deshalb und be-
gierig, auch dabei zu sein bei der Überrumpelung der
Schweiz durch die deutsche Wehrmacht. Was die zweite
Möglichkeit betraf, daß die Schweiz selbst von innen

heraus anfällig werden könnte für die nationalsozialistischen Ideologien, daran glaubte ich nicht. Wäre sie aber wirklich eingetreten, diese unausdenkbare Wandlung, nun, so hätte ich dadurch mein Vaterland sowieso, auf eine schändlichere Weise als durch eine militärische Niederlage, verloren, und damit wäre mir alles so gleichgültig geworden, daß auch eine Flucht sinnlos ward. Eine Schweiz ohne Freiheit nahm meinem Dasein jeden Wert.

Es ist sicher dieser frühen und einfachen Formel zuzuschreiben, daß sich in meinen Notizen aus jener Zeit keine politischen Bemerkungen finden, und diese wird auch die einzige bleiben in diesen Blättern. Eine Hilfe mochte mir auch meine Armut sein. Ich hatte an irdischen Gütern wirklich nichts zu verlieren. Ich hatte sozusagen nur über mein Leben zu verfügen, und das hatte ich getan. Es wurde uns allerdings die Probe auf das Exempel erspart, aber ich hoffe, daß ich, der ich nicht besonders mutig war im Leben, und der ich in sehr vielen Dingen leider versagt habe, diese Prüfung doch mit einigem Anstand bestanden hätte.

Es hat damals und auch jetzt wieder, wo ich diese Blätter niederschreibe, Tage gegeben, da die ‚Souvenirs entomologiques‘ in mein Dasein eingebettet waren wie ein silbernes Bächlein, das durch die Gegend rieselt, meine Freude, meine Erquickung, auch mein Vergessen von Widerwärtigkeiten. Eine ähnliche Verzauberung durch die Lektüre hatte ich vorher nur einmal erlebt, in den zwanziger Jahren, während einer Mittelohrentzündung, die mich ans Bett fesselte, mit «A la recherche du temps perdu» von Marcel Proust, von welcher Erkrankung ich mich nicht eher erholte, als bis ich den letzten der Bände verschlungen hatte. Ich hatte mich damals, mit den verstopften Ohren und dem leichten Fieber, in einem solchen Traumgespinst befunden, daß mir der Lindenblütentee, der mir ans Bett gereicht wurde, direkt aus den Blättern des Buches zu stammen schien, eben jener Tilleul, in dem sich das berühmt gewordene Biscuit, Madeleine genannt, auflöste und damit das Werk von Proust auslöste. Aber die Verzauberung aus den Büchern Fabres war anderer Art. Da war nichts von den komplizierten Verschachtelungen, von den ineinandergeschobenen Tüten der Proustschen Zeit und ihrer Psychologie, da saß ein stiller, kluger, tapferer Mann an seinem winzigen Tischchen und schrieb nichts auf als Dinge, die er gesehen hatte, Tatsachen, und er erzählte sie, keine Träume, keine Phantasien, sondern ‚Souvenirs‘, Erinnerungen. Man hat Fabres Titel ‚Souvenirs entomologiques‘ nicht glücklich und wenig aufschlußreich gefunden. Er wurde von deutschen Fachgelehrten später übersetzt mit «Bilder aus der Insektenwelt». Aber man spürt sogleich, wie fehl diese Worte führen. Erinnerungen sind es, Dinge, Vorgänge, an die Fabre sich erinnert, und die er er-innert, in sich, innen, zu seinem Eigen macht, und wenn er sie uns dann mitteilt, in seiner einfachen, anspruchslosen Sprache, dann sind es Vorgänge, die zum erstenmal gesehen und ausgesprochen wurden und die feststehen für immer. Doch mag ich mich mühen und plagen auszusprechen, was es mit diesem Fabre für eine Bewandtnis habe für mich, immer merke ich, daß eine breite Lücke besteht zwischen dem, was ich empfinde, und dem, was ich sagen kann. Am nächsten komme ich der Wahrheit vielleicht, wenn ich diese ganze Sphäre um Fabre her-

um – Sérignan, seinen ‚Harmas', sein Arbeitszimmer,
seine Werke – wie ein Jenseits, wie ein Außerhalb meiner Welt sehe, der es an Größe, einer Bahn, der Stille
und der Gelassenheit gebrach. Um Fabre herum schien
sich all das verwirklicht zu haben, was ich ersehnte.
Doch dachte ich dabei nicht an die großen, sozusagen
heroischen Eigenschaften; seine Einfalt, seine Fähigkeit
zu staunen, seine Ehrfurcht, seine Geduld, sie genügten
mir vollkommen.

«Unter allen Insekten ist der Hautflügler am sorgfäl-
tigsten auf das Fortkommen seiner Nachkommenschaft
bedacht; die meisten anderen überlassen die ihrige mehr
oder weniger dem Zufall. Nur die verachtete und ver-
pönte Familie der Mistkäfer kann, was die Sorge und
die Voraussicht für die nachkommenden Geschlechter
betrifft, in ihrer mütterlichen Sorge und Hege mit den
Honigsammlern verglichen werden. Doch spielt sich
das Leben der Hautflügler oben in den duftenden Blü-
tenkronen ab, im Lichte und in balsamischen Düften,
so vollzieht und erfüllt sich das Dasein der Mistkäfer
eben im Mist, im Mist, den die Maultiere auf der Straße,
die Schafe auf der Weide gelassen haben. Die Natur
kennt unsere Unterscheidungen von schön und häßlich
nicht. Aber die Mistkäfer sind auch für uns nicht häßlich.

Von gedrungener Gestalt, immer dezent in ihrer ta-
dellosen glänzenden Kleidung, dicklich, untersetzt, oft
an der Stirne oder am Oberkörper mit bizarren Aus-
wüchsen verziert, bilden sie Schmuckstücke jeder Kä-
fersammlung, besonders wenn sich jenen aus unseren
Breitengraden, die schwarz wie Ebenholz sind, noch
einige tropische Exemplare beigesellen, die wie von

Gold funkeln oder glänzen wie blankes Kupfer. Sie lieben die Schafherden, und viele von ihnen haben auch einen leisen Stallgeruch von Ammoniaksäure an sich. Die Sitten ihres Hirtenlebens haben deshalb ihre Namengeber inspiriert. Eine ganze Gruppe von ihnen benennt sich mit bukolischen Namen, wie sie durch die Poeten des Altertums bekannt geworden sind: Tityos, Amyntor, Corydon, Alexis, Mopsus. Den Oden Vergils entnommen, bezeichnen diese Namen ziemlich gut den Charakter des Insekts, seine Vorliebe für die Weiden.

An ihrer Spitze steht der Heilige Scarabäus, dessen eigenartiges Verhalten schon die Aufmerksamkeit des Fellachen im Niltal erregte, einige tausend Jahre vor unserem Zeitalter. Dieser ägyptische Bauersmann, wenn er daran war, sein Zwiebelfeld zu begießen, sah manchmal im Frühjahr einen großen schwarzen Käfer, der, hastig rückwärts gehend, eine aus Kamelmist hergestellte Kugel davonrollte. Verdutzt schaute er dieser seltsamen Maschinerie nach, nicht anders, als es heute der Bauer in der Provence tut.

Jedermann staunt, wenn er zum erstenmal einen Scarabäus sieht, der, sozusagen im Kopfstand, die langen Hinterbeine hochgereckt, die große Pille vorwärts stößt und dabei viel ungeschickte Purzelbäume vollführt. Angesichts dieses eigenartigen Schauspiels mußte der naive Fellache sich fragen, was das wohl für eine Kugel sei und was für ein Interesse das Tier wohl habe, sie mit solchem Eifer davonzurollen. Zur Zeit der Ramses und der Tutmosis mengte sich noch der Aberglaube bei: Man erblickte in dieser rollenden Kugel ein Sinnbild der Erde während ihres täglichen Umgangs, der Scarabäus empfing göttliche Ehrung. Es ist der Heilige

Pillendreher der modernen Naturforscher, so benannt in der Erinnerung an seinen einstigen Ruhm.

Seit sechs- oder siebentausend Jahren also spricht man vom Heiligen Pillendreher; aber kennt man wirklich etwas von seiner Lebensweise? Weiß man genau, zu welchem Zweck die Kugel bestimmt ist, weiß man, wie er seine Familie aufzieht? Nichts weiß man. Die berühmten Werke verbreiten und verewigen, was ihn betrifft, nichts anderes als die schreiendsten Irrtümer.

Die alten Ägypter erzählten, der Scarabäus rolle seine Kugel von Osten nach Westen, dann vergrabe er sie in der Erde während 28 Tagen, der Dauer eines Mondumlaufs. Nach dieser Inkubation von vier Wochen, am 29. Tage, den das Insekt erkennt, weil er der Tag der Konjunktion der Sonne und des Mondes ist sowie der Geburtstag der Erde, kehrt der Pillendreher zu seiner Kugel zurück. Er gräbt sie aus, öffnet sie und wirft sie in den Nil. Im heiligen Fluß steigt ein neuer Scarabäus aus der Kugel.

Lächeln wir nicht zu sehr über diese pharaonischen Erzählungen: etwas Wahres ist darin versteckt, trotz der Vermischung mit der Astrologie. Übrigens, ein Teil dieses Spottes beträfe unsere eigene Wissenschaft, denn der Grundfehler, der darin besteht, die rollende Kugel als die Wiege des jungen Mistkäfers zu betrachten, steht noch heute in unseren Büchern. Alle Autoren, die vom Heiligen Pillendreher reden, wiederholen ihn. Seit der Zeit der Pyramiden hat sich diese Überlieferung unberührt erhalten.

Es ist gut, wenn man von Zeit zu Zeit die Axt in die dichte Wildnis der Überlieferungen schlägt; es ist manchmal gut, das Joch der überkommenen Vorstellungen abzuschütteln. Es kann dann geschehen, daß die Wahrheit, von allen Schlacken gereinigt, endlich heller, prächtiger leuchtet als all das, was man uns bisher gelehrt hat. Ich habe es getan, was den Scarabäus betrifft. Ich kenne heute die ganze Geschichte des Heiligen Pillendrehers. Der Leser wird sehen, sie ist noch viel wunderbarer als alle Erzählungen Ägyptens.»

Ich kann diese Geschichte des Heiligen Pillendrehers, die Fabre als Augenzeuge miterlebt, zusammengestellt und aufgezeichnet hat in zehn Jahren geduldiger Beobachtung, und die er im Band V der Souvenirs in sechs Kapiteln, auf nahezu hundert Seiten erzählt und vierzig Jahre lang fortwährend nachgeprüft hat, hier nicht wiedergeben. Sie gehört heute zu den klassischen Stükken der Entomologie; sie leitet, so darf man wohl sagen, die moderne Verhaltensforschung ein. «Etudes sur l'instinct et les mœurs des insectes». Studien über den Instinkt und die Sitten der Insekten, lautet der Untertitel der Souvenirs. Später, im IX. Bande, enthüllt Fabre seine Methode. «In vielen Fällen», sagt er, «ist es das beste, nichts zu wissen; so bewahrt sich der Geist die Freiheit des Forschens und Fragens und verirrt sich nicht in Sackgassen, wie so oft nach zu vielem Lesen.» Er nennt das «la méthode ignorante», die Methode des Nichtwissens. «Ich habe es mir zum Gesetz gemacht, in meinen Forschungen über den Instinkt die Methode des Nichtwissens anzuwenden. Ich lese sehr wenig. Statt in Büchern zu stöbern, statt andere zu befragen, bleibe ich hartnäckig bei meinem Objekt. So steht es mir frei zu fragen, wie ich will, heute so, morgen so, je nach den Auskünften, die ich erhalten habe.»

Darum ist, was Fabre schreibt, so klar, so voll, so eigenartig, so originell. Es ist der Bericht eines Augenzeugen. Er hält jeder Prüfung stand, jener der Wissenschaft, aber auch ein fünfzehnjähriger Jüngling kann ihn verstehen, nein, es ist nicht zu viel gesagt: jedermann.

Ich weiß es wohl, ich stelle es ein bißchen dumm an, wenn ich von Fabre rede; was ich sage, scheint übertrieben, exaltiert. Aber das Betrübliche für mich ist, daß ich das Wesentliche, das für mich Wichtigste, das, worauf es mir wirklich ankommt, überhaupt noch gar nicht ausgesprochen habe. Meine Bewunderung gilt wohl dem Forscher und Gelehrten, viel mehr aber noch dem Schriftsteller, dem Poeten, und weit darüber hinaus noch dem Menschen Jean-Henri Fabre.

Es ging für mich in jener Zeit von den Souvenirs eine Art magischer Gewalt aus; ich wurde von dieser so einfachen, kristallklaren Prosa, von diesem vertrauten, vertrauensvollen intelligenten Du auf Du, das der Autor zwischen sich und seinem Leser herstellte, bezaubert, ergriffen, entzückt, entrückt. So, erkannte ich, muß der Schriftsteller sprechen, so muß er schreiben, von Dingen, die er gesehen, erlebt, erlitten hat, und kameradschaftlich, ohne Hintergedanken, muß er zu dem anderen Menschen sich wenden, dem er vertraut, dem er etwas zutraut und den er ernst und vernünftig hinnimmt, als einen Genossen, als einen Freud- und Leidensgenossen. Da gibt es keine Pose, keine Phrase, kein Scheinen und kein Mitleid-erwecken-Wollen, aber auch keine Heroik, keine Stoa, keinen Zynismus, keinen Spott, keinen Sarkasmus – höchstenfalls ein klein wenig gutmütige Ironie. Aber alles bleibt menschlich, warm und auf die schlichteste Weise vornehm. Er schämt sich

95

der Niederlagen nicht, er schämt sich der Freuden nicht; er macht aus der Armut kein Verdienst, aber er hat eine Lebensform hergestellt, in der er sie mit Würde tragen kann.

Eines Tages, im Jahre 1865 – Fabre war sogenannter freier Lehrer der Naturkunde am Lyceum von Avignon –, klopfte an die Türe seiner ärmlichen Behausung an der Rue des Teinturiers – Pasteur, kein Geringerer als der große Pasteur. «Ich verdankte diese Ehre meiner Eigenschaft als Kollege in der Physik und der Chemie. Oh, nur ein ganz kleiner, unbekannter Kollege.»

Seit einigen Jahren befand sich die Seidenraupenzucht, eine der Haupteinnahmequellen der Gegend, in Gefahr. Die Seidenraupen gingen ein, man wußte nicht warum; um die Ursache dieser Seuche zu erkunden und sie zu bekämpfen, bereiste Pasteur die Region von Avignon.

«Wir wechselten einige Worte über diese Seuche, und dann, ohne weitere Einleitung, sagte mein Besucher: ‚Ich würde gerne einmal einige Kokons sehen, ich habe noch keine gesehen, ich kenne sie nur dem Namen nach, könnten Sie mir einige verschaffen?'

‚Nichts leichter als das. Mein Hausmeister handelt damit, und wir wohnen Tür an Tür. Wollen Sie sich einen Augenblick gedulden, und ich bringe Ihnen das Gewünschte.'

Ich eilte zu meinem Nachbarn hinüber und stopfte mir die Taschen voll Kokons. Zurück, zeige ich sie dem Gelehrten. Er nimmt einen davon in die Hand, dreht ihn zwischen den Fingern hin und her, betrachtet ihn neugierig wie etwas Seltsames, das vom anderen Ende der Welt zu uns kommt. Dann schüttelt er ihn vor dem Ohr.

‚Das tönt ja', sagt er ganz erstaunt, ‚da ist etwas drinnen.'

‚Aber ja.'

‚Aber was denn?'

‚Die Puppe.'

‚Puppe? Wieso?'

‚Ich will sagen, die Art von Mumie, in die sich die Raupe verwandelt, bevor sie ein Schmetterling wird.'

‚Und in jedem Kokon ist so etwas drin?'

‚Natürlich. Eben um die Puppe zu schützen, hat die Seidenraupe dieses Gespinst gesponnen.'

‚Aha.'

Und ohne weitere Worte steckte der Gelehrte die Kokons ein, nachdem er zum erstenmal etwas von dieser Neuigkeit, der Chrysalide, gehört hatte. Diese großartige Sicherheit machte auf mich einen tiefen Eindruck. Ohne von der Raupe, dem Kokon, der Puppe, der Metamorphose der Insekten etwas zu wissen, übernahm Pasteur den Auftrag, die kranke Seidenraupe wieder gesund zu machen. Die antiken Athleten stellten sich nackt zum Kampfe. Er, der geniale Kämpfer wider die Seuche der Seidenraupe, eilte auch völlig nackt in die Arena, das heißt, ohne die geringste Kenntnis von dem Insekt, das er vor dem Untergang bewahren sollte. Ich war verblüfft; mehr als das, ich bewunderte ihn.»

Aber diese selbe Begegnung, aus der Fabre die große Lehre der Forschung zog: «Ich weiß nichts, um so besser», sollte ihm noch eine andere bittere Lektion erteilen.

«Ein anderes Problem noch beschäftigte Pasteur, die Verbesserung des Weines durch Erhitzung, und in einer unerwarteten Gesprächswendung begehrte er:

‚Zeigen Sie mir doch Ihren Weinkeller?'

Meinen Weinkeller sollte ich ihm zeigen? Meinen eigenen Weinkeller, ich, der kümmerlich Lebende, mit meinem lächerlichen Gehalt als Lehrer, der ich mir nicht die geringste Auslage für ein wenig Wein erlauben konnte, ich, der ich mir eine Art Most herstellte aus einer Handvoll Zucker und geraffelten Äpfeln, die ich in einem Tonkrug gären ließ, ich sollte ihm meinen Weinkeller zeigen! Warum nicht gar meine Fässer, meine verstaubten Flaschen, etikettiert nach Jahrgang und Ernte? Meinen Weinkeller!

Ganz verwirrt wollte ich so tun, als hätte ich sein Begehren nicht gehört, und versuchte, der Unterhaltung eine neue Wendung zu geben. Aber er, hartnäckig:

‚Zeigen Sie mir Ihren Weinkeller, bitte.'

Einer solchen Beharrlichkeit gegenüber gab ich den Widerstand auf. Mit dem Finger deute ich auf einen Stuhl, in der Ecke meiner Küche, ein Strohstuhl ohne Strohsitz, und auf diesem Stuhl steht eine Korbflasche von etwa zwölf Litern Inhalt.

‚Das ist mein Weinkeller, Monsieur.'

‚Ihr Weinkeller, das?'

‚Ich habe keinen anderen.'

‚Das ist wirklich alles?'

‚Leider, ja. Das ist alles.'

‚Ah.'

Das war alles, was der Gelehrte sagte, kein Wort mehr. Pasteur, das sah man, kannte nicht das stark gewürzte Gericht, das das Volk ‚la vache enragée' und das man gemeinhin den Hunger nennt. Wenn auch mein Weinkeller, der alte Stuhl und die Korbflasche, über die schädlichen Fermente des Weines keine Auskunft geben konnten, von etwas anderem sprachen sie beredt, aber dieses schien mein berühmter Besucher nicht zu verstehen. Eine Mikrobe, eine der furchtbarsten, entging seinem Blick, – jene der Not, die den guten Willen abwürgt.»

Fabre hat diesen Besuch Pasteurs nie vergessen. Die große Lehre von der Macht des Nichtwissens erkannte er, und er nahm sie in sich auf. Es mußte aber, als er in den kommenden Jahren Zeuge des kometenhaften Ruhms seines um ein Jahr älteren Kollegen wurde, eine tiefe Bitternis in seinem Herzen genagt haben. Er war von Pasteur behandelt worden als der kleine Lyzeumsprofessor in der Provinz, der sich in der unbedeutenden Wissenschaft umtat, die Entomologie hieß. Fabre hat es Pasteur nie verziehen, daß dieser kein Wort, keinen Blick für die Misere im dunklen Anzug hatte. Stolz und ein trotziger Wille zur Unabhängigkeit, materieller und geistiger, wohnten in diesem Nachkommen eines armen Bauerngeschlechts aus dem Massif Central. Aber wie schwer, was für ein Luxus ist es, stolz und unabhängig sein zu wollen, wenn man arm ist!

VIII

SCHWER SIND die Sonntage zu ertragen, wenn man
ohne Geld ist. Mit dem geübten Blick eines Mannes, der
auch durch diese Schule gegangen ist, betrachte ich die
«Straßenbenützer» (wie der dahinwandelnde Mensch
in unserer Amtssprache benannt wird) des Sonntags.
Ich kenne sie, diese älteren Ehepaare, die auf einem
Bänklein sitzen, in irgendeiner kleinen Anlage, unter
den noch kahlen Bäumen, und sie schauen auf die nicht
besonders belebte Straße hinaus, und sie wechseln kein
Wort miteinander, eine Stunde, zwei Stunden, sie blik-
ken nur herum, jeder Spatz, jede Knospe, jeder Fuß-
gänger darf ihrer Aufmerksamkeit gewiß sein. Aber sie
sind nicht unzufrieden; ihnen ist es nicht langweilig, im
Gegenteil, sie haben es sehr gern, wenn es noch lange
weilt. Es braucht eine ganz große Erfahrung, bis man
eine solche Art von Sonntag versteht. Die innere Struktur
eines solchen Verhaltens ist gar nicht so einfach. Diese so
herumsitzenden oder langsamen Schrittes dahinwan-
delnden älteren Ehepaare sind nicht Arme, sondern
Leute, die, wenn man sie auch nicht als wirklich wohl-
habend bezeichnen kann, doch ganz bestimmt ihr Schäf-
lein auf dem trockenen haben und es nun so richtig genießen, diese sonntäglichen Stunden ohne die geringste
Ausgabe an Geld durchzubringen. Sparsamkeit, ja Geiz
haben nämlich nur einen Anreiz für den Besitzenden;
darum sind jene Lehren, die den Armen zur Sparsamkeit erziehen wollen, verfehlt. Der Arme lebt sparsam,
weil er muß. Schenkt ihm ein Kassabüchlein, und ihr
werdet sehen, wie er hauszuhalten weiß! Mit Sparsam-

keit allein aber ist es an einem solchen langweiligen Sonntag nicht getan; er würde trotz des Einvernehmens der Ehegatten zur Giftelei oder zu einem Streit führen. Das Wichtigste, aber auch das Verborgenste in diesem Verhalten ist das Lebensgefühl. Das ist das Gefühl des fraglosen Daseins, das sich im rein vegetativen Spiel und Zusammenspiel der körperlichen Organe, im problemlosen Funktionieren des Denkens und der Abwesenheit von jeglicher Angst kundgibt. Da diese Eigenschaften sich nicht immer mit Sicherheit in einem einzigen Menschen vereinigt finden, bildet das Menschenpaar die ideale Voraussetzung für das Lebensgefühl.

Man kann mit ziemlicher Gewißheit annehmen, daß überall dort, wo zwei oder mehr Menschen beisammen sind, der Sonntag auf richtige Weise zugebracht wird, handle es sich nun um ältere oder junge Leute. Mit Vorsicht und Skepsis sind die Einzelgänger zu beurteilen, besonders am Sonntag. Jene hartgegerbten Sportgestalten, die, die Pfeife zwischen den schmalen, zusammengepreßten Lippen, den exakt geschnallten Rucksack auf dem Rücken, mit ihren Skiern das erste Tram besteigen – offen gestanden, ich traue ihnen nicht. Die hochmütige Einsamkeit, die sie umweht, mutet mich künstlich und ein wenig literarisch an, man ahnt hinter ihr das Leitbild des einsamen Waldläufers, den stahlharten Besieger seiner selbst und den Menschenverächter, der sich seine Sehnsucht nach Gesellschaft nicht eingestehen will.

Ich muß es ja wissen, war es doch eine meiner Besonderheiten, am Neujahrsmorgen im Bahnhofrestaurant in voller Skiausrüstung mein Frühstück einzunehmen, indem ich mich dabei turmhoch über jene müden, verschwitzten, ewig zigarettenrauchenden Gestalten erhob, die ihre tolle Silvesternacht in dieser Gaststätte beschlossen und die noch lange mit schweren Zungen einander sinnlose Sätze zulallen würden, während mich der Zug den reinen Höhen des Hochstuckli zuführte und ich somit das neue Jahr mit einer gesunden Abfahrt durch den stiebenden Pulverschnee, unter blauem Himmel und bräunender Sonne, sinnvoll begann.

Aber diese selbstgewählte und spektakuläre Einsamkeit des Sport- und Naturfreundes kann nicht verglichen werden mit der erzwungenen, die ich um jene Zeit herum auskostete. Warum der Sonntag für den, der kein Geld besitzt, so trostlos ist, rührt vor allem daher, daß man nichts unternehmen kann, diesen Zustand zu beheben, daß nicht die geringste Hoffnung besteht, er könnte, zum Beispiel eben durch die Post, geändert werden. Alle Läden, alle Ämter sind geschlossen; die Bekannten und Freunde sind ausgeflogen oder haben Besuch. Man könnte also nicht einmal etwas verkaufen oder versetzen. Bis am Montag sind einem die Hände gebunden. Das ist unangenehm, aber nicht schlimm. Schlimm sind die Feiertage, Ostern beispielsweise, das am Donnerstagabend, vor dem Karfreitag, beginnt und erst am Dienstag früh endet. Allerdings ist ja da noch ein Samstagmorgen vorhanden, aber selten erfüllen sich die Hoffnungen an einen solchen Tag; die meisten Leute, auf die es ankäme, machen die Brücke, das heißt, sie feiern durch und sind fort, in Paris oder so.

Vier so aufeinanderfolgende Feiertage, ohne Geld, ohne Telephon, ohne Vorräte im Küchenkasten, ohne Freunde – inmitten einer Stadt mit geschlossenen Geschäften und verhängten Schaufenstern –, zwar ohne

Regen, aber auch ohne Sonne, die Straßen wie ausge-
storben, alles so nüchtern, mit haarscharfen Konturen –
das ist schon eine Prüfung. Ich will mich nicht groß machen und behaupten, ich hätte sie bestanden, es wäre
nicht wahr. Es gibt ewig wiederkehrende Situationen
im menschlichen Leben, sie gelten über Generationen
hinweg. Dichter halten sie fest, bewahren sie im Gedächtnis der Menschheit, und wenn man sie selbst erlebt, so kommt es einem vor, die Verse seien für einen
persönlich geschrieben, als ein Gruß durch die Jahrhunderte. Die Worte des Harfenspielers in Wilhelm Meister
waren für mich eine Botschaft solcher Art.

Wer nie sein Brot mit Tränen aß,
Wer nie die kummervollen Nächte
Auf seinem Bette weinend saß,
Der kennt euch nicht, ihr himmlischen Mächte.

Ihr führt ins Leben uns hinein,
Ihr laßt den Armen schuldig werden,
Dann überlaßt ihr ihn der Pein;
Denn alle Schuld rächt sich auf Erden.

Daß man dieses «auf Erden» betone, das schien mir
besonders wichtig, hier, auf der Erde, erfolgt die Liquidation, die Sühne: wenn wir heimkehren, ist alles schon
erledigt, wir sind wieder rein, denn schuldig waren wir
auf dieser Erde geworden.

Solche vier Tage der Verlassenheit, mit dem Gefühl
der Ausgeschlossenheit von dem allgemeinen Feste,
stellten natürlich jenen, der sie erlitt, vor Fragen, die
über den augenblicklichen Zustand hinausreichten.
Rings um mich herum sah ich Alters- und Klassenge-
nossen, Freunde und Kameraden auf dem Wege des

Erfolgs, des Aufstiegs. Die Vorstellung allein schon, ich hätte buchstäblich, nicht etwa sinnbildlich, Sorgen um das tägliche Brot, wäre ihnen grotesk vorgekommen. Natürlich, es konnte einem, besonders in jener Krisenzeit, geschäftlich schlecht gehen, aber von diesem Zustand bis zu jenem, in dem ich mich befand, lag ein weites Niemandsland, und man konnte es mir noch nicht ansehen, daß ich es durchschritten hatte. Geglaubt hätten sie es mir, wenn ich es ihnen erzählt hätte – aber es kam eben noch die Erschwerung dazu, daß ich es nicht erzählen konnte.

Eine merkwürdige Erfahrung war es für mich, daß man in einer Stadt wie Zürich sozusagen unbemerkt in tiefere soziale Schichten absinken kann. Ich war manchmal zu Essen, festlichen Anlässen von wohlhabenden Verwandten, von Bekannten, auch Freunden eingeladen und hatte nicht einmal mehr den Zwanziger für das Tram in der Tasche. Nie wird man begreiflicherweise während solcher Veranstaltungen nach dem Ergehen befragt, und natürlich wäre es eine große Taktlosigkeit, würde man eine solche Gelegenheit benützen, um von den eigenen Schwierigkeiten zu reden. Ich konnte manchmal beobachten, wie zwei Geschäftsherren während einer Festlichkeit eine Devisen- oder Wertschriftentransaktion vereinbarten, es ereignete sich auch, daß jemand in einer guten Laune zum Schriftsteller sagte, er hätte für ihn eine interessante und zudem nicht nach literarischen, sondern kommerziellen Maßstäben honorierte Arbeit in Aussicht. Meldete ich mich dann anderntags, so mußte ich vernehmen, es sei das Projekt noch nicht spruchreif, ich solle doch später daran erinnern. Der unbemerkte Abstieg in die Armut wird durch die alkoholfreien Gaststätten des Zürcher Frauenvereins ermöglicht. Niemand aus den Kreisen, von denen ich herkam und in denen ich noch manchmal verkehrte, besuchte je diese Wirtschaften. Ich hätte ebensogut in einer anderen Stadt sein können, wenn ich in einer solchen Gaststätte an der Zähringerstraße meine Hafersuppe, die Rösti und das Brot, manchmal auch nur eine der ersten zwei genannten Speisen verzehrte. Eine nicht zu beschreibende Behaglichkeit umfing mich, wenn ich dort meine Mahlzeit einnahm. Ich war unter meinesgleichen, ich erregte kein Erstaunen, keine Neugierde; viele der Gäste kannten die Sorge um das tägliche Brot, dieses Gebiet des Kummers und der Demütigung, das ich vor kurzem betreten hatte. Ich habe, unbehelligt von den Saaltöchtern, wie manche Arbeitslose, die sich dort nach dem Essen mit ihren Zeitungsfahnen aufhielten, viele stille und angenehme Stunden in dem nicht sehr schönen Lokal zugebracht, bei einem Band Fabre, allein, aber nicht einsam, mit ihm und den Armen um mich herum.

Es gab natürlich auch Stunden der Einkehr, der hellsichtigen Selbstkritik und der Versuche, zu deuten, was mir eigentlich geschehe. Auch in den schwersten Zeiten vermochte ich nie die sozialen Umstände für meine Schwierigkeiten verantwortlich zu machen. Immer wußte ich, daß, wenn nicht die Schuld, so doch die Ursache des Zustandes bei mir allein zu suchen war.

Nicht sogleich, aber allmählich, von Hafersuppe zu Hafersuppe sozusagen, begann ich zu begreifen, daß ein Gesetz da waltete, eine geheime, mir selbst nicht bekannte Führung, etwa das, was der alte Goethe mit den Dämonen bezeichnete. Oft auf diesem Abstieg hatten sich ja noch Möglichkeiten zu halben Lösungen aufgetan, ich hätte zum Beispiel halbtagsweise Büroarbeiten verrichten, Inseratentexte, Kataloge verfassen und Kalendersprüche sammeln können, aber ich hatte solche Angebote immer auf eine merkwürdig geschickte Weise verbummelt oder sabotiert, trotzdem sich meine ökonomische Lage fortwährend verschlimmerte und die letzten aus dem früheren Dasein stammenden Reserven sich verkrümelten. Darum, so fing ich an zu verstehen, ging es offenbar, um die Liquidation der Erbschaft. Ich mußte, wollte ich meinem Ideal des Schriftstellers entsprechen, dem absoluten Nullpunkt zustreben, einer Stelle in meiner Lebensbahn, wo ich alles niemandem mehr als mir selbst zu verdanken hatte, allen Erfolg, aber auch alle Schuld. Nicht fremde Schuld, nicht fremde Hilfe – darum ging die Erprobung, hierin lag der höhere Sinn des Entschlusses, ein Schriftsteller zu werden. An allem selbst schuld; an der Misere und an der Freude. Natürlich dauerte es in Wirklichkeit noch längere Zeit, bis ich zu dieser Erkenntnis kam, aber schon ihre Ahnung allein genügte, um mich selbst mitten in den schwärzesten Widerwärtigkeiten auf eine ganz leise Weise zu wappnen und zu beglücken.

Viele Patienten, wenn sie mit zwei verschiedenen Leiden zu ihrem Arzt kommen, etwa wegen der Nieren und wegen eines Ausschlages, sind erstaunt zu vernehmen, daß zwischen beiden ein Zusammenhang besteht, daß sie eine gemeinsame Ursache haben. Oft leben wir auch seelisch in verschiedenen Kompartimenten. Es wäre mir beispielsweise in jener Hafersuppenzeit, in jener Frühdämmerung der Selbsterkenntnis, während meiner Schwierigkeiten nicht in den Sinn gekommen, die ‚Souvenirs entomologiques' in einen Zusammenhang mit meinen Problemen zu bringen. Gerade daß sie so ganz außerhalb meiner Sphäre lag, diese Insektenwelt, so fernab und praktisch unerreichbar, diese Provence, so idealistisch hoch über mir das tapfere Sichselbst-Sein dieses Mannes – machte meine Lektüre seiner Bücher zu einer Art Flucht, zu einem Ausweg ins Selbstvergessen.

Zu meinen Mahlzeiten nahm ich manchmal einen Band der Souvenirs mit und legte ihn aufgeschlagen neben meinen Teller. So wie Cyrano de Bergerac die hungrigen Kadetten der Gascogne durch die Flöten und Pfeifen vor Heimweh zum Weinen brachte – «j'an noblis leur mal» –, so hätte auch ich sagen können, es sei durch diese Lektüre nicht nur meine Mahlzeit, sondern mein ganzer Zustand veredelt und erhöht worden. Der stille Rhythmus von Fabres Prosa hatte nicht nur etwas Beruhigendes, er weckte das Fernweh nach diesem Land der südlichen Rhoneebene, aber auch ein Wünschen und Sehnen auf einer anderen Ebene, nach einer Verwirklichung und Selbstwerdung, wie sie diesem kleinen Professor in seinem ‚Harmas' in Sérignan gelungen war.

Der Lebensweg Fabres ist, geographisch gesehen, ein Weg nach dem Süden. Er selbst leugnet für seine Person jeden Atavismus. «Etwas von eurer Kraft, etwas von eurer Liebe zur Arbeit habe ich aber von euch geerbt», schreibt er. Seine Vorfahren waren Gebirgsbauern. Er war zehn Jahre alt, als sich sein Vater, «der erste seines Stammes, der sich durch die Stadt verlocken ließ», mit seiner ganzen Familie nach Rodez in der Auvergne zog, um daselbst ein Café, eine kleine Wirtschaft, zu übernehmen. Henri erhielt einen Freiplatz im Collège Royal der Stadt; am Sonntag mußte er in der Kapelle die Messe bedienen, als Entgelt. Als er anfängt, Vergil zu übersetzen, interessiert und bezaubert ihn vor allem die Landschaft mit ihren vielen entzückenden Details über die Biene, die Grille, die Turteltaube, die Krähe, die Ziege, den Goldregen. Nach drei Jahren verschlägt es die Familie nach Toulouse; hier, im Seminar, kann er die fünfte Klasse beenden. Dann muß die Familie, vom Unglück verfolgt, von neuem weiterwandern, nach Montpellier diesmal. Ihr Los verbessert sich nicht. Henri Fabres erster Nullpunkt – es sollten noch andere kommen – ist erreicht, er muß auf die Schule verzichten, er muß sich nun sein Brot selbst verdienen. Fast ein Knabe noch, verläßt er die elterliche Familie, wandert die weißen, staubigen Straßen der Provence südwärts; an der Messe von Beaucaire verkauft er Zitronen, dann läßt er sich in der Equipe der Erdarbeiter anheuern, die das Eisenbahntrasse von Beaucaire nach Nîmes bauen. Er hungert, oft übernachtet er im Freien. Und dennoch, der Siebzehnjährige ist glücklich: durch das goldene Tor der Provence ist er in die mediterrane Welt eingetreten. Er ist angelangt, er ist heimgekommen, möchte man sagen, er hat die ihm gemäße Landschaft, seinen Lebensraum, gefunden; er wird ihn nie mehr verlassen. Die Sonne, die Pflanzen, die Insekten und das unsagbare Mittelmeer – aus den Nebeln seines Herkommens und seiner Unwissenheit taucht er auf und findet diese Reichtümer vor sich ausgebreitet. Er muß sich der Bedeutung des Augenblicks bewußt gewesen sein. Eines Morgens im Juli des Jahres 1840 kommt er in Nîmes an, drei Franken in der Tasche. Im Schaufenster einer Buchhandlung sieht er das Gedichtbändchen des Bäk-

kers und Poeten Jean Raboul, der damals auf der Höhe
seines Ruhmes stand, hatte ihn doch Lamartine ausge-
zeichnet, und kein Geringerer als Chateaubriand war
nach Nîmes gekommen, um ihn zu begrüßen in seiner
Bäckerei. Der arme, hungernde Jüngling konnte der
Versuchung nicht widerstehen, seine ganze Barschaft
gab er hin für die Verse Rabouls, denn in jener Zeit war
Jean-Henri Fabre selbst ein Poet, wie hätte es anders
sein können.

So mußte es sein: arm, allein, überströmend von Poesie und Wissensdurst, inmitten einer Landschaft, die
durch das Mittelmeer und durch die Geschichte des
Abendlandes ihre einzigartige Gestalt gefunden hatte,
so ging Jean-Henri Fabre in zwei der glücklichsten, zwei
der gesegnetsten Jahre seines Lebens ein; die Zeit
schrieb sich 1840, und der Ort hieß Avignon.

Ich löffelte mein Hafersüpplein, und so wie es Martin
Buber einmal ausspricht, als er mit der Spitze seines
Stockes die Rinde eines Baumes berührt, ich war hier
und dort. Nebel war bei uns, viel Feuchtigkeit in der
Luft, ungemütlich war das Klima um diese Jahreszeit,
trübe – aber die Nachrichten aus Fabres Leben, wie er
da einzog durch das Sonnentor, wie er Besitz ergriff von
den für jedermann herumliegenden unzerstörbaren
Gütern unseres Abendlandes, wie er zum Lateinischen
noch das Griechische hinzu erlernt, wie Victor Hugo,
Lamartine, Bernardin de Saint-Pierre ihn begleiten – an
seiner jungen Seligkeit nahm ich teil, sein älterer Bruder, der den großen mutigen Aufbruch verpaßt hatte
und nun dasaß in der Trübe und doch auch nicht unglücklich war, ach, es war, als sei dieses Wort für mich
erfunden, – in echter Trüb-Seligkeit.

Und eines Morgens, mitten unter den Notizen und mehr oder weniger tiefsinnigen Bleistiftkritzeleien, mit denen ich handliche Oktavheftchen zwischen bunten Preßspandeckeln zu führen pflegte, erschienen ein paar Sätze anderer Herkunft.

«Im kaum handtiefen Uferwasser, über dem muschelfarbigen Felsen des Grundes stand ein junger halbmeterlanger Hecht bewegungslos in der Morgensonne, so knapp unter der Wasserfläche, daß seine Rückenflosse ihre Haut schürfte. Der Widerhall der Axthiebe klang gedämpft über den See. Ein blauer Eisvogel zog leise zirpend den Schilfspitzen entlang, aus den Wäldern des Buchberges ergoß sich die taufrische Kühle in den sonnenstarren Raum ...»

Das war, wie sich viel später herausstellte, der Anfang des Opus Nr. 3, und es erhielt den Titel «Riedland».

IX

«UND JETZT, mein Kleiner, Gott befohlen; treib dich
herum, wo du willst, und verdiene wie du kannst die
zwei Sous für deine Pommes frites. Das Leben sollte zu
einer furchtbaren Hölle werden für mich, in der nächsten Zeit ...»

So schrieb Fabre noch nach fast sechzig Jahren über
die Zeit seines Hungerns. Er hat sie nicht vergessen. Es
gilt als eine Regel, der Mensch verdränge das Böse und
das Häßliche, das ihm widerfahren ist, und behalte nur
das Schöne. Ich glaube das nicht, und wäre dem so, es
wäre nicht gut. Man sollte das Schwere nicht vergessen,
nicht aus der Erinnerung verdrängen, sondern im
Gegenteil es wie einen Schatz bewahren, denn gerade
diese Erfahrungen sind es, die unser Leben später mit
Zufriedenheit und Dankbarkeit erfüllen. An dem, was
wir durchgemacht haben, können wir erst den glücklichen Zustand der Gegenwart ermessen.

Mitten aus seiner Misere heraus meldet sich Fabre zu
einer Prüfung, die von der Ecole normale primaire de
Vaucluse in Avignon ausgeschrieben wird. Schüler, die
sie bestehen, bekommen einen Freiplatz und können
Primarlehrer werden. Er wird der Erste.

«Das Glück verläßt die Tapfern nicht», ruft er aus,
«ich fand meinen gesicherten Futterplatz: getrocknete
Kastanien und Kichererbsen. Ich war meinen Mitschü-
lern ein wenig voraus, im Lateinischen und in der Or-
thographie. Während sie über irgendeinem Diktat ihre
Wörterbücher wälzen, untersuche ich im Schutze meines Pultdeckels die Früchte des Lorbeerbaumes, den

Kelch des Löwenmauls, den Stachel der Wespe, den Flügeldeckel des Goldkäfers.»

Seinem um zwei Jahre jüngeren Bruder verrät er das Geheimnis, Latein zu lernen:

«Nimm den Vergil, ein Wörterbuch und eine Grammatik und übersetze immer und immer wieder ins Französische; um eine gute Übersetzung herauszubekommen, braucht es nichts als den gesunden Menschenverstand, ganz wenig grammatikalische Kenntnisse und sonst keinerlei pedantischen Zubehör ...

Stelle dir eine alte, halb verwischte Inschrift vor, das gesunde Urteil ersetzt die fehlenden Worte, und so findest du den Sinn, als wäre er ablesbar. Das Latein ist für dich die alte Inschrift, nur die Wortwurzel ist leserlich, der Schleier einer unbekannten Sprache verhüllt dir den Sinn der Endung, nur die eine Hälfte des Wortes ist dir bekannt, aber du besitzest den gesunden Menschenverstand, wende ihn an.»

Oh, du glücklicher lateinischer Sprachengürtel an den Ufern des Mittelmeers!

Doch wenn ich immer von neuem versuche, die Faszination darzustellen, die von Fabre auf mich ausging, so spüre ich auch, daß ich das Wesentliche noch immer nicht gesagt habe, und ich weiß auch nicht, ob je dies mir gelingen wird. Es ist das Unerklärliche, das geheimnisvoll Waltende und Lenkende, das in jedem Menschenleben sich kundtut. Fabre selbst hat es gespürt, ausgesprochen auch. Nicht von ungefähr wehrt er sich gegen jeden Atavismus, was seine Leidenschaft für die Naturwissenschaft betrifft. Sie ist sein Eigenstes, aus ihm herausgewachsen.

Schon als sechsjähriger Knirps, schreibt er, suchten seine Augen das Tier und die Pflanze, sie zogen ihn an «wie der Kohl den Kohlweißling, die Distel das Tagpfauenauge». Eines Tages, als er einen topasblauen Scarabäus gefunden hatte, vernahm er etwas wie eine innere Stimme, «zarter als die Sprache der Menschen und unbestimmt wie im Traum, unwiedergebbar»; des Menschen innerstes Geheimnis enthüllte sich ihm, das magische Murmeln der Berufung.

Wie kurz waren die zwei Jahre im Schatten des Palais du Pape! Fabre ist neunzehn Jahre alt, als er mit seinem Lehrerpatent die Schule verläßt, um an der dem Kollegium von Carpentras angegliederten Primarschule ein Amt anzutreten. Das Salär beträgt siebenhundert Franken im Jahr. Er wohnt im Institut selbst; es ist eine fast klösterliche, düstere Behausung inmitten der mittelalterlichen poetischen Stadt. Aber welch ein Feuer glüht in ihm!

«Mit einer Vorahnung der Naturwissenschaften, da und dort rasch und im geheimen zusammengerafft, verließ ich die Schule, und ich kannte nur eine Leidenschaft, die Insekten, die Pflanzen. Aber ich mußte auf sie verzichten. Die Sorge um das tägliche Brot, die unbedingte Notwendigkeit, meine Bildung zu erweitern, forderten es von mir. Was sollte ich tun, um mich über den Stand eines Primarlehrers hinaus zu erheben, der kaum seinen Mann ernährte? Die Naturwissenschaft führte zu nichts. Sie wurde vom Unterricht ferngehalten, als unwürdig neben Latein und Griechisch. Es blieb mir buchstäblich nichts als die Mathematik, die nur wenig Lehrmittel benötigte: eine Wandtafel, ein Stück Kreide, ein paar Bücher. Ich stürzte mich also in die Differential- und Integralrechnungen, in die konischen Schnitte, es war ein harter Kampf, ohne Führer, ohne Ratgeber, allein, Tage und Tage rang ich mit den verwickelten Schwierigkeiten, bis es meinem ununterbrochenen Nachdenken endlich gelang, sie von allen Dunkelheiten zu befreien.»

In einem Brief an seinen jüngeren Bruder Frédéric, dessen Mentor er war, hat er sich selbst geschildert:

«Es ist Donnerstag; nichts ruft dich aus dem Hause; du ziehst dich in einen fast dämmerigen Winkel zurück. Jetzt sitzest du also da, die Ellbogen auf dem Tisch, die Daumen hinter dem Ohr und das Buch vor dir. Der Verstand erwacht, der Wille hält ihn an den Zügeln, die Außenwelt verschwindet, das Ohr hört, das Auge sieht nichts mehr, die Seele prüft sich selbst, sie erinnert sich, sie findet ihr Wissen, und es wird hell. Die Stunden vergehen so, schnell, schnell, sehr schnell, die Zeit kennt kein Maß mehr. Und schon ist es Abend ... Aber die Erkenntnisse haben sich im Gedächtnis angesammelt, die Schwierigkeiten von gestern sind im Feuer der Überlegung zusammengeschmolzen, ganze Bände hast du verschlungen, du bist zufrieden mit deinem Tag.

Wenn dir etwas unverständlich ist, ruf nicht immer gleich deine Kollegen zu Hilfe; so umgehst du die Schwierigkeit nur; aber mit Geduld und Denken wirfst du sie über den Haufen. Übrigens: man weiß nur das richtig, was man selbst erlernt hat, und ich rate dir sehr, wo immer möglich, und besonders in den Wissenschaften, auf jede andere Hilfe außer deinem eigenen Denken zu verzichten ...

Versuche einmal ein paar Tage lang diese Methode, bei der die ganze Energie auf einen einzigen Punkt kon-

114

zentriert wird, bis sie dort wie eine Mine explodiert und alle Hindernisse umlegt; versuche einige Tage die Kraft der Geduld, die Macht der Beharrlichkeit, und du wirst sehen, es gibt nichts, dem man nicht Meister wird ...»

Alle Stunden, die man ihm aufbürdete, übernahm er, auch die Physik, die Chemie, in welchen Fächern er keine Kenntnisse besaß. Er erwarb sie sich vorweg. «Ich werde lernen, indem ich lehre.» Er erzählt im neunten Bande seiner Souvenirs, im Kapitel XII, das überschrieben ist ‚Souvenirs mathématiques', die köstliche Geschichte, wie ein Altersgenosse, der sich auf ein Examen vorbereitete, zu ihm kam mit dem Begehren, er, Fabre, möchte ihn in der Algebra unterrichten, in der Algebra, von der er, Fabre, nicht das geringste wußte. Er nahm den Auftrag an. Der junge Mann möge übermorgen kommen, um ein Uhr. Fabre besaß kein Lehrbuch; er konnte sich auch keines kaufen, er war ohne Geld, außerdem hätte man das Lehrmittel aus Paris kommen lassen müssen. Im Bücherschrank des Rektors hatte Fabre ein Mathematikbuch gesehen; er brach in das Zimmer ein, entlieh es sich gewaltsam. Das Kapitel «Le Binôme de Newton» fesselt ihn; er bringt eine Nacht darüber zu, bis er endlich begreift, worum es geht. Er besitzt nun den Stoff für die erste Stunde; in Wirklichkeit war dieses Problem das Ende, das Ziel aller Stunden. Aber beide, Lehrer und Schüler, haben den nicht leichten mathematischen Komplex begriffen. Hingegen, gesteht Fabre, wieso Minus multipliziert mit Minus Plus ergibt, das blieb ihm dunkel. Auch seinem Schüler. Natürlich, Fabre erklärte es ihm nun so lange, bis es in den Augen dieses Schülers plötzlich aufleuchtete vor Verständnis. Er hatte kapiert, und endlich Fabre, der Lehrer, auch.

Trotzdem müssen diese Schulmeisterjahre in Carpentras eine gute Zeit für J.-H. Fabre gewesen sein. Im «Echo de Ventoux» vom 29. Februar 1843 erschien eine Ode von ihm, neunzehn vierzeilige Strophen, und ihr Titel lautete «Die Insekten». Sie war inspiriert von Bernardin de Saint-Pierre «Harmonie de la Nature», von Lamartine auch, aber vor allem verrät, verkündet sie, daß dieser kleine Lehrer am Kollegium von Carpentras über all den Aufgaben und Schwierigkeiten seines Amtes seiner Sehnsucht treu geblieben ist.

Seine Schüler, etwa fünfzig Knaben, mit fast erwachsenen Jünglingen darunter, waren schmutzig, ungepflegt, grobschlächtig. Aber sie müssen ihn sehr gern gehabt haben.

Ein Fach liebten sie vor allen anderen, Lehrer und Schüler, die Geometrie im Freien, die Feldvermessung.

«War der Monat Mai gekommen, vertauschte man einmal in der Woche die düstere Schulstube mit dem freien Feld. Das war ein Fest! Man stritt sich um die Ehre, wer die Meßlatten tragen durfte, je drei und drei, und manche junge Schulter kam sich vor wie mit Ruhm bedeckt, wenn sie unter den Blicken aller Bewohner die gelehrten Stäbe der Geometrie durch die Stadt trug ... Der Ort unseres Wirkens war ein unbebautes, ebenes, mit Steinen bedecktes Stück Land, eben ein ‚Harmas‘, wie man bei uns sagt. Weder Hecken noch Sträucher hinderten mich hier an der Überwachung meiner Leute, und vor allem mußte ich für sie nicht die unwiderstehliche Lockung der unreifen Aprikosen befürchten. Weit und breit war diese Ebene von nichts anderem bedeckt als von blühendem Thymian und Geröll. Hier war Platz für jede Art von Polygonen; Trapeze und Dreiecke konnten sich hier nach Herzenslust miteinander vermählen, die unendlichen Distanzen ungehindert entfalten.

Aber schon in der ersten Stunde erweckte etwas Verdächtiges meine Aufmerksamkeit. Schickte ich einen Schüler fort, einen Richtpfahl aufzustellen, so sah ich, wie er unterwegs oft verweilte, sich bückte, aufrichtete, etwas suchte, sich wieder bückte, die Meßschnur und die Talons alle vergessend. Ein anderer, dem aufgetragen war, Zahlen zu notieren, übersah die eisernen Täfelchen und las statt ihrer einen großen Stein auf. Ein dritter, statt einen Winkel zu messen, zerkrümelte zwischen seinen Händen eine Motte Erde. Und fast alle überraschte ich dabei, wie sie an einem Strohhalm herumleckten. Die Polygone waren ohne Arbeit, und die Diagonalen blieben unvollendet. Was steckte hinter all dem?

Ich frage, und alles klärt sich auf. Geborene Spürnasen und scharfe Beobachter, die sie waren, wußten diese Schüler längst, was dem Lehrer entgangen war. Auf den Steinen des Harmas erbaute eine dicke, schwarze Biene ihr Nest aus Erde. In diesen Nestern hat es Honig; meine Feldvermesser öffnen dieses Nest und saugen vermittels eines Strohhalms den Honig heraus. Sie lehren mich, wie man das macht. Der Honig ist, wenn auch ein bißchen rauh, durchaus genießbar. Und so beginne auch ich, an der Sache Geschmack zu finden, und schließe mich den Nestsuchern an. Wir werden uns später wieder mit den Polygonen beschäftigen. Das war meine erste Begegnung mit Réaumurs Mörtelbiene, und ich wußte nichts von ihrer Geschichte und nichts von ihrem Chronisten.

Aber der wunderbare Hautflügler mit seinen dunkelvioletten Flügeln und seinem schwarzen Samtkleid, seinen widerstandsfähigen Bauten auf den sonnigen Steinen zwischen dem Thymian, seinem kräftigen Honig ließ einen tiefen Eindruck in mir. Ich wünschte sehnlich, noch mehr von ihm zu erfahren als das, was meine Schüler mich gelehrt hatten, nämlich ihm mit einem Strohhalm den Honig zu stehlen. Mein Buchhändler hatte gerade ein wundervolles Insektenbuch zu verkaufen, die ,Histoire naturelle des animaux articulés', von Castelnau, E. Blanchard, Lucas, reich illustriert, aber leider zu einem Preise, ach, zu was für einem Preise! Aber was machte das aus! War mein glänzendes Honorar von siebenhundert Franken nicht für alles da, so gut für die Nahrung des Geistes wie für jene des Leibes? Was ich dem einen gab, würde ich einfach dem anderen abzwacken, das ist eine Bilanz, zu der sich jeder bequemen muß, der da meint, die Wissenschaft diene dem Broterwerb. Der Kauf wurde abgeschlossen. An diesem Tage wurde meine Universitätspfründe tüchtig geschröpft; ich opferte ein ganzes Monatssalär für dieses Buch. Eines Wunders an Geiz und Sparsamkeit bedurfte es, um dieses ungeheure Defizit auszugleichen.

Das Buch wurde gefressen; einen anderen Ausdruck gibt es nicht dafür. Ich lernte den Namen meiner schwarzen Biene kennen; zum erstenmal erfuhr ich Genaueres über die Sitten der Insekten, ich fand, wie in einer Gloriole, die verehrten Namen Réaumurs, der Huber, Léon Dufours. Während ich zum hundertsten Male in diesem Werk blätterte, vernahm ich unbe-

118

stimmt das Flüstern einer inneren Stimme: ‚Und du, auch du wirst einst der Geschichtsschreiber der Tiere sein.'»

Am 9. Oktober 1844 heiratet er ein Fräulein Marie Villard aus Carpentras, eine junge Lehrerin, und dieser Ehe entsprießen fünf Kinder. Er muß, er will seine soziale Lage verbessern. Innerhalb weniger Monate besteht der lehrende Autodidakt in Montpellier das Bakkalaureat in Mathematik und Physik, und kurz darauf das Lizentiat für diese Fächer. Doch bleiben diese Erfolge ohne irgendwelchen Einfluß auf sein Salär, nur daß er jetzt, als Verheirateter, sein Freiquartier am Kollegium mit einer Wohnung in der Stadt vertauschen muß.

Fabre hat es schwer. Das Unterrichtswesen stand damals in Frankreich nicht hoch im Kurse. Oft kam es vor, daß der Lohn der Lehrer mit Verspätung von mehreren Monaten ausbezahlt wurde: wenn die Stadt Carpentras nicht bei Kasse war, entlöhnte sie Fabre in Teilbeträgen, und oft mußte er lange auch auf diese warten. Man belagerte die Türe des Zahlmeisters, um irgend etwas zu erhalten. «Ich schäme mich, und ich ließe mein ganzes Guthaben fahren, wüßte ich, wohin gehen.» Die Lage der Familie ist schauderhaft; lebt ein elendes Leben «von Tag zu Tag, wie ein Bettler».

Natürlich sucht er nach einer anderen, seiner Kenntnisse würdigeren Stelle. Er beginne zu sehen, was das Leben eigentlich sei, schreibt er. Er hat genug von dieser Primarschule in Carpentras, wo er seine Zeit damit verbringen muß, Verben zu konjugieren. Man solle ihm eine Stelle geben, die seiner Bildung und seinen Ideen entspreche, und dann werde man sehen, was in seinem Kopfe stecke und welcher Dinge er fähig sei. Er wirft dem

Rektor sein Lehramt vor die Füße und muß es dennoch wieder antreten, denn es gibt für ihn nichts Besseres.

Fünf volle Jahre noch vegetierte Fabre auf seinem Posten, trotz seiner bestandenen Examen und seiner Diplome für den Mathematik- und Physikunterricht. Gefesselt durch sein Amt, gelähmt durch die Sorge um das tägliche Brot für seine große Familie, unerkannt von den meisten seiner Mitmenschen, so lebt er dahin, und es muß wie ein Wunder anmuten, daß die Quelle, deren Murmeln er vernommen hatte, nicht für immer verschüttet wurde. Wir alle kennen doch solche Menschen, die über der Pflicht, für ihre Familie zu sorgen, aus Mitleid, aus Aufopferung, aus Liebe ihr Bestes, ihr Eigenstes begruben, jenes, womit sie einmalig waren auf dieser Welt, um eine Tätigkeit zu übernehmen, wie sie üblich ist und die auch auf die übliche Weise entlöhnt wird. Meistens erfahren wir nichts von diesen stillen Kämpfen, in denen dann später der Außenwelt die Resignation als ein Sieg erscheint. Aber in den Augen dieser ,Sieger‘, die nun auf einem vernünftigen Wege die Stufenleiter des Erfolges hinan und der Pensionierung entgegenklettern, liegt manchmal ein seltsamer Ausdruck; er erinnert an jenen der Äffchen hinter ihrem Gitter, die, über unseren Scheitel hinwegblickend, sich nach einem verlorenen Paradiese zu sehnen scheinen.

J.-H. Fabre kämpfte mit allen seinen Kräften um eine solche vernünftige Stelle; immer hat er das getan, aber jener still waltenden Macht, die unser Leben lenkt, ist er nie in die Zügel gefallen. Als der entscheidende Augenblick gekommen war, murmelte die Quelle seiner Berufung noch rein und behütet, war er, Fabre, noch intakt, disponibel.

Endlich, am 22. Januar 1849, nach neun Jahren, unterschrieb der Unterrichtsminister Napoleons III., Victor Duruy, das Dekret, welches Fabre – er ist jetzt 26 Jahre alt – mit einer Besoldung von achtzehnhundert Franken als Physiklehrer an das Kollegium von Ajaccio auf Korsika beruft.

Vier Jahre verbringt er auf dieser verzauberten Insel. Ohne daß er es vielleicht weiß, entscheidet sich hier sein Geschick. Es gibt aus jener Zeit ein Gedicht von Fabre mit dem Titel « Die Zahl ». Sie ist die Trägerin des Universums, sie regiert die Zeit und den Raum. Über

> den Ochsenhirten empor, der die Bäume pflügt
> und Sonnen sät in die Furchen der Himmel,

erhebt sich der Dichter und sieht

> in diesen tollen Arenen
> führt die Zahl die Zügel der wilden Renner,
> legt die Zahl die Trense ins schäumende Maul
> der Leviathane, und lenkt sie mit nerviger Hand.
>
> Vergeblich unter dem Joche zittern und dampfen
> die Kruppen, vergeblich schnauben sie Ströme
> von Schaum aus den Nüstern, vergeblich ihr Bäumen,
> die Zahl zähmt die wilden Gelenke,
> die Zahl hält sie zurück und bändigt sie,
> oder sie ritzt die bebenden Flanken
> mit göttlichem Sporn ...

In dieser Zeit poetisiert Fabre sogar die Geometrie. Ihre rigorose Disziplin forme den Geist, verleihe dem Gedanken Klarheit und Genauigkeit, warne ihn vor unrichtigen, unbestimmten Ausdrücken – er verdanke ihr viel als Schriftsteller.

«Die Infinitesimalrechnungen eines Leibniz», schreibt er aus Ajaccio seinem Bruder, «zeigen dir, daß die Architektur eines Louvre lange nicht so kunstvoll ist wie jene einer Schnecke; der ewige Geometer hat seine transzendentalen Spiralen auf das Gehäuse dieses Tieres gelegt, das die Leute essen, mit Spinat und Holländerkäse gewürzt.»

> *Der gelbe Marmor einer Aphrodite*
> *ist auch nicht edler als dies Schneckenhaus ...*

hat unser Albin Zollinger gedichtet.

Korsika, das damals etwa siebzig Jahre zu Frankreich gehörte, war naturwissenschaftlich ein noch beinahe unerforschtes Land. Fabre, inmitten der grandiosen Natur, kehrte in sein eigentliches Element, die geliebte Naturgeschichte, zurück. Alles rings um ihn herum harrte noch der Entdeckung, der Eroberung, der Einordnung durch den menschlichen Geist. Schon plant er eine umfassende Muschelkunde von Korsika; die Flora des Maquis, der Berge und Buchten führt ihn zur Botanik zurück. Er befreundet sich mit dem Botaniker Esprit Réquien aus Avignon, einem echten Gelehrten und unermüdlichen Sammler, unübertroffen im Bestimmen und Klassieren der Pflanzen und Muscheln, der Flechten und Mineralien. Ein großer Teil der Herbarien, der Kollektion von Muscheln, die man noch heute in den Vitrinen des ‚Harmas‘ sehen kann, haben ihren Ursprung in dieser Begegnung. Durch Réquien lernte Fabre auch einen anderen Gelehrten, Moquin-Tandon, Professor in Toulouse, kennen, der sich eines botanischen Auftrags wegen in Korsika aufhielt. Vierzehn Tage beherbergte Fabre den außergewöhnlichen Mann.

«... ein improvisiertes Bett in einem Zimmer, das auf das Meer hinausblickte, Muränen, Steinbutte und Seeigel, das gewöhnliche Menü in diesem Schlaraffenland, doch seiner Neuheit wegen von höchstem Interesse für den Naturwissenschafter. Mein Angebot reizte ihn; so disputierten wir, von den botanischen Exkursionen heimgekehrt, de omni re scibili.

Mit Moquin-Tandon taten sich mir ganz neue Ausblicke auf. Das war nicht mehr der Bestimmer mit dem unfehlbaren Gedächtnis, sondern der Naturwissenschafter mit großen Ideen, der Philosoph, der von kleinen Dingen zu den weiten Gedanken aufsteigt, der Literat, der Poet, der die nackte Wahrheit mit dem magischen Mantel des Wortes bekleidet. Nie mehr nahm ich an einem solchen intellektuellen Feste teil. ,Lassen Sie Ihre Mathematik fahren', sagte er zu mir, ,niemand kümmert sich um Ihre Formeln. Kommen Sie zu den Tieren, zu den Pflanzen, und wenn Sie, wie mir scheint, ein bißchen Feuer in Ihren Adern haben, so werden Sie auch Zuhörer finden.'

Wir unternahmen eine Exkursion ins Innere der Insel, auf den Monte Renosa, den ich schon kannte. Ich führte den Gelehrten zur Bereiften Immortelle (Helichrysum frigidum), die eine wundervolle Silberdecke bildet, zum Steinbockskraut, Herba muvrone, wie die Korsen sagen (Almeria multiceps), der Flockigen Königsmarguerite (Leucanthemum tomentosum), die wie mit Watte bekleidet neben dem Schnee zittert, und anderen Seltenheiten, die den Botaniker entzückten. Moquin-Tandon jubelte. Mich aber zog noch mehr als die Bereifte Immortelle sein Wort an, seine Begeisterung, die anfingen mich anzustecken und zu überzeugen. Als wir von dem kahlen Gipfel hinabstiegen, war mein Entschluß gefaßt: ich würde die Mathematik fallen lassen.

Einen Tag vor seiner Abreise meinte Moquin-Tandon: ‚Sie beschäftigen sich mit den Muscheln; das ist etwas, aber es ist nicht genug. Vor allem müssen Sie das Tier kennenlernen. Ich will Ihnen einmal zeigen, wie man das macht.' Und dann, ausgerüstet mit einem Scherchen, das er dem Nähkorb entnommen hatte, zwei Nadeln, mit einem Stücklein Rebholz als Stiel, demonstrierte er mir im Wasser einer tiefen Schüssel die Anatomie einer Schnecke vor. Erklärung und Zeichnung der ausgelegten Organe folgten. Das ist die einzige, aber unvergeßliche Lektion in Naturgeschichte, die ich je in meinem Leben erhalten habe.»

Was ein unbestimmtes Murmeln gewesen war, nach dieser Begegnung wurde es, wenn auch noch nicht – wie es sich wenige Jahre später ereignen sollte – zum unlösbaren Pakt, so doch zur deutlichen Sprache, was seine wirkliche Bestimmung sei. «Zum Geometer wird man herangebildet», schreibt er seinem Bruder, «zum Naturwissenschafter wird man geboren.»

Es ist der Verzicht auf den professoralen Weg, auf die langsame, aber sichere Karriere. Es ist der freie Beruf, den er wählt. Es ist das Abenteuer, will man es pathetisch ausdrücken, so wie es der Schriftsteller gerne tut, denn auch im Leben eines jeden Schriftstellers gibt es so eine Stunde, wo das Murmeln der Verheißung zu der deutlich vernehmbaren Sprache des Schicksals wird, zur Stunde der Entscheidung.

X

FABRE ERKRANKT. Er zieht sich ein Sumpffieber zu. Der Gemeinderat von Ajaccio will sparen; so kürzt er einfach die Besoldungen der Lehrer um die Hälfte; es ist sogar die Rede davon, die Physik ganz vom Lehrplan zu streichen.

Alle diese Umstände haben einen Sinn. Zuerst verlangt Fabre einen Krankheitsurlaub, dann ersucht er um die Versetzung an eine andere Lehrstelle. Die Nähe einer größeren Stadt, mit intellektuellen Möglichkeiten, sei ihm vonnöten, wolle er sich auf die Professur in der Mathematik vorbereiten.

Er erhält am 1. Januar 1853 seine Ernennung an das Lyzeum in Avignon, als Hilfslehrer für Physik; er ist um die dreißig Jahre alt. Seine Besoldung beläuft sich auf sechzehnhundert Franken, und während der zwanzig Jahre, die er in Avignon verbringen wird, erfährt dieses Salär weder eine Erhöhung, noch wird ihm die kleinste Beförderung zuteil. Arm, wie er beim Eintritt in das Lyzeum war, wird er es wieder verlassen, ein Hilfslehrer der Physik, und am Tisch der Familie sitzen täglich sieben Menschen.

Wenn man ein wenig Erfahrung gesammelt hat über die Art, wie sich äußerlich und innerlich ein Menschenleben entwickelt und abwickelt, so glaubt man darin, bei aller Verschiedenheit der einzelnen Schicksale, gewisse Regeln – um das Wort Gesetze zu vermeiden – wahrzunehmen. Zwischen dem dreißigsten und dem vierzigsten Jahr, vom dreißigsten Lebensjahr weg, vollzieht sich der Übergang vom Entliehenen zum Eige-

nen. Aus der unbewußten Nach-Ahmung möchte, wenn
es dieses schöne und beziehungsreiche Wort in unserer
Sprache gäbe, die Ahmung werden, worin für mich ein
Anklang an «âme» und Ahnung enthalten ist. Man
möge es mir deshalb ausnahmsweise, für die Epoche von
Avignon im Leben Fabres, erlauben. Dieser kleine Professor, dieser Hilfslehrer, hatte vielleicht schon mehr als
eine Ahnung von seinem Geschick, von seiner Bestimmung; ganz sicher aber war er unterwegs, um das zu suchen, was seine Seele war; er befand sich im Zustande
der Ahmung.

Zuerst einmal, obgleich dazu in Avignon Hilfsmittel
und Muße ihm zur Verfügung gestanden hätten, verzichtete er darauf, sich auf die sogenannte «aggréga-
tion» in Mathematik, die der Lizenz folgende Stufe, die
zur Universität führt, vorzubereiten. Der Entschluß
vom Monte Renoso blieb wirksam. Dafür bewarb er
sich um die naturwissenschaftliche Lizenz; er bestand
sie in Toulouse, im August 1854, und es muß ein richti-
ger Triumph gewesen sein. Fabre bestritt kurzerhand
die damals sich großen Ansehens erfreuende These der
«génération spontanée» (Urzeugung), der just sein
Examinator nicht nur anhing, sondern sogar einer ihrer
Verkünder war.

Warum, so fragt sein späterer Freund und Biograph,
der Doktor Legros, fuhr er auf diesem Wege nicht weiter? Warum wählte er die Professur nicht und damit
eine gebahnte Straße, die ihm viel materielles Unge-
mach erspart hätte? Er muß dunkel gefühlt haben, daß
er damit den falschen Weg gegangen wäre.

In der Beschreibung vieler Lebensläufe, auch in der
Jean-Henri Fabres, findet sich eine Stelle, wo dargelegt

wird, sei es vom Biographen oder von dem selbst, dessen Leben beschrieben wird, wie ein Zufall – ein Buch, eine Begegnung – über den Verlauf eines Lebens entschieden habe. Ohne dieses Buch, ohne diese Begegnung wäre dieses Leben, so heißt es, anders verlaufen, hätte das betreffende Individuum seine Bestimmung nicht erkannt, nicht gefunden.

Dies glaube ich nicht. Das eine Richtung auslösende Element wird in der Rückschau überschätzt. Ist eine gewisse Bereitschaft, eine Berufung vorhanden, so muß einmal das Buch, die Begegnung sich einstellen. Der Auslösemechanismus hätte aber auch mit einem anderen Buch, einer anderen Begegnung funktioniert. Entscheidend war die Bereitschaft, die Reife. Was die Samenkapsel zum Aufspringen bringt, ist nicht so bedeutungsvoll, wie man es haben will. Nicht über das Geschick entscheidet ein Zufall, sondern nur über den mechanischen Auslösevorgang. Das Schicksal hat für einen solchen Fall immer einige Möglichkeiten in Bereitschaft; wenn die erstbeste funktioniert hat, bleiben die übrigen außer Gebrauch, und wir erfahren nie etwas von ihnen.

«Eines Abends, im Winter, neben dem Ofen, dessen Asche noch warm war – die ganze Familie war schon schlafen gegangen –, vergaß ich beim Lesen die Sorgen des kommenden Tages, die schwarzen Sorgen des Physikprofessors, der trotz seiner Universitätsdiplome und trotz seiner jahrelangen Verdienste, die man auch anerkannte, sechzehnhundert Franken für sich und die Seinen verdiente, weniger als der Lohn eines herrschaftlichen Stallknechtes ... Ich vergaß also inmitten meiner Bücher meine Miseren, als ich in einer entomologischen

127

Schrift zu blättern begann, die mir irgendein Zufall in die Hände gespielt hatte. Es war die Arbeit des Patriarchen der Insektenkunde jener Zeit, des ehrwürdigen Gelehrten Léon Dufour, und sie handelte von den Sitten eines Hautflüglers, der nach Prachtkäfern jagte ... Das Heizmaterial lag im Ofen bereit, es bedurfte nur noch des Funkens, um es zum Brennen zu bringen; die zufällige Lektüre der Schrift von Léon Dufour war dieser Funke.»

Im Nest dieser Wespe, einem Cerceris, hatte Dufour zahlreiche Coleopteren von der Art der Prachtkäfer gefunden, die sich während einer unerklärlich langen Zeit frisch erhielten, prächtig golden, kupferfarbig oder türkisblau. Dufour konnte sich die Konservierung dieser für die ausschlüpfenden Larven bestimmten Beutestücke nicht anders als durch ein noch unbekanntes Gift erklären, das diese Wespen ihren Opfern mit dem tödlichen Stachel einimpften.

Fabres Wißbegierde ward geweckt. Er wollte der Sache auf den Grund gehen; er entdeckte bald, daß Dufours Beobachtungen unvollständig waren. Er bewies, daß die in den Nestern der Wespe aufgefundenen Prachtkäfer gar nicht tot, sondern durch einen mit äußerster Präzision in das Nervenzentrum geführten Stich gelähmt waren. Ein uns unbegreiflicher Instinkt ließ den Räuber wissen, wo die zu treffenden Ganglien lagen.

Der kleine unbekannte Professor von Avignon publizierte noch im selben Jahr in den «Annales des Sciences Naturelles» das berühmte Memorandum über das Resultat seiner Forschung. Diese Arbeit machte Fabre mit einem Schlag in der wissenschaftlichen Welt bekannt;

die Akademie der Wissenschaften verlieh ihm den Preis für experimentelle Physiologie; Dufour selbst beglückwünschte ihn zu der magistralen Art, wie er das Problem gelöst hatte. Diese «Observations» sind in der Literatur der Insektenforschung klassisch geworden. Es sollten nur wenige Jahre vergehen, und Darwin, zwanzig Jahre vor dem Erscheinen des ersten Bandes der Souvenirs, zitierte ihn bereits in der «Entstehung der Arten» als den «unnachahmlichen Beobachter». Der Triumph, der Durchbruch, – also sollte man denken, das Ende der Sorgenzeit. Keine Rede davon!

Fabre konnte das merkwürdige Phänomen erfahren, daß Ehrung und Anerkennung sich in einem anderen Kompartiment abspielen als der soziale Aufstieg und die Verbesserung der materiellen Lage. Dieses Phänomen hat sich in gewissen Gebieten der Wissenschaft und der Kunst bis heute erhalten.

Inzwischen war die Provence so zu seiner Heimat, so zu seiner Stätte, dem Raum seines Forschens, zum Nährboden auch seiner ersten Erfolge geworden, daß er, trotz der peniblen Vermögens- und Einkommensverhältnisse, im Ernst nicht mehr daran dachte, den Vaucluse zu verlassen. Er verzichtete auf jede Beförderung, lehnte jede Berufung in andere Städte, Poitiers und Marseille beispielsweise, ab. Er konnte sich nicht mehr von diesen Pflanzen und von diesen Insekten trennen. Auch wir, die wir uns über das Leben Fabres beugen, auch wir können es uns nicht mehr anders vorstellen als in jenem unbeschreiblichen Lichte, das von den Himmeln fällt, die sich über den Unterlauf der Rhone spannen, anders als unter den harten Strahlen jener Sonne, im Strömen jener nimmer ermüdenden Winde, die über die knorrigen Pflanzen der Garrigue, die drahtigen Gräser, die Zypressen und Ölbäume hinwegbrausen. Er selbst, der Schlanke, Schmale mit seinem bartlosen Gesicht, seinen schwarzen Augen ohne Wimpern, unter seinem ewigen breitrandigen Schlapphut und mit dem dunkeln dezenten Anzug des höheren Schulmeisters bekleidet, ist er unter diesem Himmel, unter dieser Sonne, in diesem Mistral selbst ein wenig wie ein Insekt geworden, trocken, ausgetrocknet, aufmerksam, bedroht und von nie erlahmendem Beschäftigungsdrang.

Fabre ist tatsächlich unermüdlich. Die Stadt Avignon hatte ihn zum Konservator am Musée Réquien ernannt, in dem die Sammlungen, Schriften zur Insektenkunde und die Kataloge jenes Meisters aufbewahrt wurden, dem er vieles verdankte. Man übergab ihm auch die Leitung einiger von der Stadt veranstalteter Kurse, eine Art von Gewerbeschule, wodurch sich sein Einkommen ein wenig erhöhte und er wenigstens auf die ihm vor allem verhaßten Privatstunden verzichten konnte.

Er durfte auch wirklich eine Zeitlang davon träumen, reich zu werden, so reich, daß er sich von allen Verpflichtungen loskaufen und nur noch seiner Insektenforschung widmen könnte. Den Weg dazu sah er in seinen Arbeiten über die Färberröte. Diese Pflanze, la garance, wurde in der ganzen Provence angebaut; durch ein sehr primitives und umständliches Verfahren entzog man ihr den Saft, der die Eigenschaft hatte, Textilgewebe rot zu färben. Fabre gelang es, durch eine neue einfache Methode das Alizarin, den Farbstoff, zu extrahieren, und einige Fabriken begannen auch bereits sich seine Entdeckung zunutze zu machen; endlich schien ihm das Glück zu lächeln, man denke, wenn die Industrie sogar ... Um die Landwirtschaft und diese Industrie zu schützen, trug die ganze französische Armee die sprichwörtlich gewordenen roten Hosen.

Victor Duruy, Unterrichtsminister Napoleons III., Großmeister der Universität, erschien eines Tages persönlich bei Fabre; es hätte, wäre der kleine Professor in Avignon von anderer Art gewesen, diese Begegnung für Fabre wirklich die große Wendung bedeuten können. Duruy, wohl einer der fähigsten und zielbewußtesten Männer des Zweiten Kaiserreichs, entstammte, wie Fabre, dem Volke; er war, wie er, bescheiden und von einfachem Umgang. Die beiden Männer verstanden sich sogleich. Wenige Zeit nachher ruft der Minister Fabre nach Paris, überhäuft ihn mit Aufmerksamkeiten, heftet ihm das Kreuz der Légion d'honneur an die Brust. Am anderen Tag wird er in die Tuilerien gebeten, er soll dem Kaiser vorgestellt werden. Ohne jede Schüchternheit, ohne sich seines unmodernen und abgetragenen Kleides zu schämen, spricht er in aller Einfachheit mit dem Herrscher, dessen Augen immer halb geschlossen sind. Unbefangen blickt Fabre um sich, die «Kammerherren mit kurzen Hosen und silberbeschnallten Schuhen kommen und gehen, wie dicke Scarabäen mit Flügeldecken in der Farbe von Milchkaffee, und steifen Gehabens». Man vermutet, der Unterrichtsminister habe daran gedacht, Fabre die Erziehung des kaiserlichen Prinzen anzuvertrauen.

Fabre jedoch kehrte sogleich wieder in seine Provence zurück.

In Avignon hatte er, als Konservator am Musée Réquien, Bekanntschaft mit einem Besucher gemacht, einem Engländer, dem bekannten Philosophen Stuart

Mill, dem Direktor der Ostindischen Companie, einer großen Persönlichkeit in jeder Hinsicht. Der Lord pflegte mit seiner Frau und seiner Tochter die Winter in Avignon zu verbringen; während eines solchen Aufenthaltes starb seine Frau plötzlich. Sie wurde in Avignon begraben. Mill kaufte in einem stillen Vorort von Avignon nahe dem Friedhof ein kleines Landhaus und ließ eine dichte Hecke von Thuja, Rosen und Zypressen um das Besitztum pflanzen. Von einer Terrasse aus konnte er das weiße Grabmal seiner Gattin erblicken. Fabre wanderte oft durch die stille Allee von Platanen und Maulbeerbäumen, die das Haus mit der Straße verband, denn zwischen den beiden so ungleichen Männern war eine Freundschaft entstanden. Sie machten miteinander ausgedehnte botanische Exkursionen, bestiegen den berühmten Mont Ventoux. Mill plante, unter Fabres Mithilfe, eine Flora des Vaucluse zu schreiben. Es war eine sonderbare Freundschaft zwischen dem anscheinend so kalten, wortkargen, immer wie abwesenden Engländer, der seine Gefühle nicht zeigte, und dem kleinen französischen Insektenforscher. Aber sie sollte sich bewähren.

Inzwischen hatte Minister Duruy angefangen, in ganz Frankreich Mittelschulkurse für junge Mädchen einzurichten. In Avignon wurden sie, für die Fächer der Naturwissenschaften, Fabre anvertraut. Er muß seine Zuhörerinnen geradezu bezaubert haben, denn sie pflegten ihm in die Botanikstunden so viele Blumen zu bringen, daß sein ganzes Pult darunter verschwand. Heute noch steht in seinem Arbeitszimmer im ‚Harmas‘ die kleine Standuhr aus schwarzem Marmor, die diese dankbaren Schülerinnen ihrem Lehrer verehrten.

Scheinbar also stand alles zum Guten; in Wirklichkeit jedoch näherte sich J.-H. Fabres Leben wieder einem jener Nullpunkte, die wir rückblickend als die Jalons erkennen, denen entlang das Schicksal uns unserer Bestimmung zuführt. Der Trick besteht darin, daß wir uns dagegen nicht wehren, sondern ohne Bedenken, gläubig, in der angedeuteten Richtung weiter wandern sollen.

Die Erfindung der Anilinfarben (alizarine du goudron) bereitete der herkömmlichen Krappindustrie ein Ende; Fabres Verfahren – er hatte daran zehn Jahre gearbeitet – verlor jegliches Interesse. Alle seine Arbeiten auf diesem Gebiet waren wertlos geworden, seine Hoffnungen, zu Geld zu kommen, fielen in nichts zusammen. Ganz recht, möchte ich ausrufen; es rächt sich jedesmal bitter, wenn ein Mensch dieser Artung sich verleiten läßt, in den Dienst der Industrie oder des Handels zu treten.

Aber das war nicht alles. Die freien Kurse für junge Mädchen wurden vom Klerus und von einem Teil der Bevölkerung als ungehörig empfunden. Die Proteste mehrten sich, Intrigen wurden angezettelt. Der Unterrichtsminister Duruy wurde gestürzt; mit ihm verlor Fabre den Beschützer.

Die Familie Fabre wohnte in Avignon, an der Rue des Teinturiers, zu Miete, in einem Hause, das zwei alten, devoten Fräulein gehörte. Aufgehetzt, kündigten diese plötzlich dem kleinen Professor; vor Ablauf des Monats mußte er die Wohnung verlassen; es bestand weder ein Mietvertrag noch die kleinste schriftliche Vereinbarung.

Mitten im Krieg – November 1870 –, mit einer Frau und fünf Kindern steht Fabre, nun siebenundvierzig Jahre alt, buchstäblich auf der Straße. Keiner seiner

Kollegen am Lyzeum hält zu ihm. Eine unsagbare Mutlosigkeit überfällt ihn, ein Ekel. Endgültig verzichtet er auf die akademische Laufbahn, endgültig gibt er das Lehramt auf, geschehe, was wolle. Er hat genug. Dabei war er nun so arm, daß er nicht einmal das Geld für den Umzug besaß. Guthaben für ein paar Lehrbücher, die er geschrieben hatte, blieben aus, Paris war von den deutschen Truppen eingeschlossen. Fabre hatte keinen anderen Wunsch mehr, als Avignon, die Stätte zwanzigjährigen Wirkens, zu verlassen.

Da dachte er an Stuart Mill, den wortkargen, fast unpersönlichen Freund. Doch der weilte augenblicklich in England, als Mitglied des Unterhauses. Fabre schrieb ihm. Fast postwendend kam die Antwort, eine Summe von etwa dreitausend Franken, ohne irgendeine Verpflichtung – die Erlösung.

Wie selbst von einem jener unerklärlichen Instinkte geleitet, die Fabre an seinen Insekten aufzuzeigen und durch Versuche zu prüfen und darzustellen nie aufhörte, wandte sich die Familie nach Norden, nach Orange, dem Flüßchen Aygues zu, an dem sich, nochmals zehn Jahre später, Fabres Selbstgestaltung endlich erfüllen sollte. Ein einsames Haus außerhalb der Stadt, an der Straße nach Camaret, schon im freien Felde, mit einem herrlichen Rundblick, der vom römischen Theater in Orange bis zu den Höhen hinter Sérignan reichte. Dort lag – Fabre wußte es noch nicht – sein gelobtes Land, das verheißene Land, nach dem wir alle unterwegs sind, die wir einmal das Raunen der Winde vernommen haben, die von ihm herkommen.

Bereits Ende 1871 konnte Fabre seine Schuld bei Stuart Mill tilgen, denn der kleine Insektenforscher, mit den großen Lasten auf den Schultern und seiner Sehnsucht im Herzen, hatte sich sogleich an die Arbeit gemacht. Nun galt es, sagte er sich, da er das Lehramt aufgegeben hatte, vom Ertrag der Feder zu leben.

Zwar bekleidete er noch die Stelle am Musée Réquien, und wöchentlich kam er deshalb regelmäßig nach Avignon. Er pflegte dann bei seinem Freunde Stuart Mill, der inzwischen wieder in die Provence zurückgekehrt war, das Mittagessen einzunehmen. Eines Maitags, im Jahre 1873, war Fabre wieder unterwegs zu dem kleinen Landhaus nahe dem Friedhof. Gewohnterweise verweilte er sich noch bei der Buchhandlung Saint-Just, und dabei vernahm er die traurige Nachricht: Stuart Mill ruhte bereits an der Seite seiner Gattin Harriet unter dem weißen Marmorstein. Innerhalb einer Woche hatte ihn eine tückische Krankheit hinweggerafft. Eine ein wenig kühle, aber sehr männliche, edle und bewährte Freundschaft hatte ihr Ende gefunden. Im gleichen Jahr wurde Fabre auch sein Amt als Konservator am Musée Réquien entzogen.

Schon vor Jahren hatte Fabre angefangen, für seine Schüler, für seine eigenen Kinder kleine naturwissenschaftliche Bücher zu schreiben, wie beispielsweise die «Landwirtschaftliche Chemie», «Les leçons élémentaires de Chimie agricole», deren Zweck es war, wie er schrieb, «in den Schulen auf dem Lande die einfachsten, für das Verständnis der landwirtschaftlichen Arbeiten notwendigen Kenntnisse volkstümlich darzustellen». Nach all den Mißerfolgen blieb diese, wie man heute sagen würde, populärwissenschaftliche Schriftstellerei seine einzige Erwerbsquelle. Diese Tätigkeit Fabres ruhte auf einem tiefen Glauben an den Fortschritt der Menschheit und die Verbesserungsfähigkeit ihres Loses durch die Aufklärung, auf einer geradezu fanatischen Liebe zur Naturwissenschaft und einer kalten, leidenschaftlichen Entschlossenheit, diese naturwissenschaftlichen Kenntnisse und Erkenntnisse auf die einfachste und sinnfälligste Weise erklären zu wollen. Ein junger Verleger, Charles Delagraves, erkannte die pädagogische Kraft Jean-Henri Fabres.

Während der zehn in Orange verbrachten Jahre, von 1870 bis 1880, veröffentlichte der ehemalige Schullehrer außer zwei wissenschaftlichen Werken, – dem Katalog der Coleopteren in der Umgebung von Avignon und dem ersten Band der «Souvenirs entomologiques» – nichts als kleine Handbücher für den Schulunterricht, Bücher für Kinder. Er blieb seinem Lehramt treu. 1870 erschien das Buch über die schädlichen Insekten, «Les ravageurs», 1872 eine «Astronomie», eine «Arithmetik», eine «Algebra», 1873 eine «Geometrie», die «Bundesgenossen» («Les auxiliaires»), 1874 eine «Botanik», «Morgenrot», 1875 «Les serviteurs», «Die Industrie», «Der Haushalt», 1876 eine «Geographie», 1878 «Die Lektüre», 1879 eine «Kosmographie», 1880 «Die kleinen Mädchen», eine «Chemie», ein «Mechanikerkurs».

Mit diesen didaktischen Werken versuchte Fabre, in den jungen Menschen die Freude an der Naturwissenschaft zu wecken. Unausgesprochen steckte dahinter sein Bemühen zu zeigen, es führten nicht nur die schönen Wissenschaften und die Literatur zur Kultur des Geistes. Fabre setzte seine ganze Genialität dafür ein, diese Büchlein für die Schüler interessant und liebenswert zu machen; Klarheit und leichte Lesbarkeit erkannte er als die Grundbedingung für die Brauchbarkeit und den Erfolg solcher Werke. Gewiß, es war eine Kompilationsarbeit; Fleiß, Geduld, Ausdauer und vor allem eine große Selbstverleugnung wurden von ihm gefordert. Aber der Verfasser dieser Schulbücher müßte nicht Fabre gewesen sein, wenn nicht auch sie, diese Arbeiten, manchen Keim für sein eigentliches Werk, sein Lebenswerk, in ihn selbst hineingelegt hätten. Neben einer genauen, geradezu universellen Kenntnis über den damaligen Stand der Naturwissenschaft formten diese einfachen Bücher jenen Schriftsteller, dem er das monumentale Werk der «Souvenirs» verdankt, daß es, weit über die Fachwelt hinaus, die Freude von ungezählten Lesern bleibt – und es ist nicht zu befürchten, daß es je diese Kraft verlieren wird.

Dem Verfasser und dem Verleger dieser Schulbücher war ein großer Erfolg beschieden. Sie schlugen ein. Sie fanden beim Lehrkörper und bei den Schülern Anklang. Sie entsprachen offenbar auch der Zeit; nach dem «année terrible», nach der Niederlage erwachte Frankreich, das reiche Land, zu großem Wohlstand.

Eines Tages, im Jahre 1880, geschah es, daß der Besitzer des Hauses in Orange, in dem die Familie Fabre wohnte, die herrliche Platanenallee, die von der Straße zum Landsitz führte, auf barbarische Weise stutzen ließ. An Stelle der dichten, Schatten, Ruhe und Abgeschlossenheit spendenden Kronen, Tummelplatz der Vögel und sommerliches Orchesterpodium der Grillen und Zikaden, streckten nun laublose Aststummel ihre Sägewunden zum blauen Himmel empor. Fabre konnte, wie er sagte, diesen Anblick nicht ertragen. Er kündigte kurzerhand den Mietvertrag. Für immer wollte er die

Städte verlassen; nicht mehr wollte er zu Miete wohnen, er wollte sein eigener Meister sein, auch in dem, was er fürderhin zu unternehmen gedachte.

Die Erklärung für diesen plötzlichen Entschluß ist natürlich nicht in der verstümmelten Platanenallee zu suchen, sondern in der Tatsache, daß die harte zehnjährige Arbeit ihre Früchte getragen hatte. Fabres Ersparnisse erlaubten es ihm, das verwilderte Grundstück, von dem schon berichtet wurde, das verlassene Gebäude in Sérignan, einem Weiler zehn Kilometer nordöstlich von Orange, jenseits des Flüßchens Aygues, käuflich zu erwerben. Unter dem Namen «L'Harmas» sollte später das Besitztum bekannt, ja eine Weile sogar weltberühmt werden.

XI

IN MEINEM Oktavheftchen aus jener Zeit – der ersten
Hälfte des Jahres 1936 –, die anmaßende Bezeichnung
«Tagebücher» verdienen sie sicher nicht – tauchten nach
und nach immer mehr Sätze und kleinere Abschnitte
auf, die sich an den ersten Satz anfügten, der am Anfang
des «Riedland» steht. Ich kann den Vorgang am besten
mit einem wirren Wollknäuel vergleichen, dessen Anfang ich endlich gefunden hatte und aus dem ich nun,
durch leises Zupfen und Rupfen, den Faden behufs ge-
ordneter Aufwicklung herauszulocken versuchte. Un-
geduldig durfte ich bei diesem Unternehmen nicht werden, wollte ich vermeiden, daß der Faden riß. Das Zer-
reißen oder Durchhauen eines Knotens mag ein gutes
militärisches Rezept darstellen, für ein Vorhaben meiner Art schien es mir eher ungeeignet.

Ich ließ mich also in aller Ruhe treiben, und eine
Zeitlang sah es wirklich so aus, als hätten sich einige
meiner Vorsätze verwirklicht, als wäre ich, über Nacht
sozusagen, der Schriftsteller meiner Träume geworden:
heiter, schuldlos und in der Freude schreibend. Es run-
dete sich beinahe unversehens meine kleine Geschichte,
es stellten die Bilder, die Schauplätze, die Personen sich
ein, so wie ich es mir wünschte: ungedacht, ungeplant
und just in dem Augenblick, da ich ihrer bedurfte. Kamen sie zu früh, sanken sie unbesehen und ungehört wieder in ihr Schattenreich zurück als übereifrige Schauspieler, die ihren Auftritt nicht erwarten konnten, aber
im Zaune gehalten wurden von jener Kraft im ungeborenen Werk, die es zur Selbstgestaltung trieb.

Es ergab sich um die gleiche Epoche herum, daß ich von einer Stiftung aus mit einem Übersetzungsauftrag bedacht wurde, einem Roman von Robert de Traz, «Le pouvoir des fables», und es war der Segen, der Zweck solcher Arbeitsbeschaffung, dem Schriftsteller einen Verdienst zuzuhalten. Infolgedessen ward das Honorar geteilt, die eine, für den Schriftsteller vor allem wichtige Hälfte bestand in einem Vorschuß, die zweite wurde nach Ablieferung der Arbeit ausgehändigt. Natürlich hatte diese einsichtsvolle und humane Anordnung bei mir zur Folge, daß ich bis zur Aufzehrung des Vorschusses – es handelte sich um fünfhundert Franken – an der Übersetzung überhaupt nicht ernsthaft arbeitete und mich des zweiten Teils des Honorars erst wieder erinnerte, als mir das Wasser schon wieder am Halse stand. Da galt es dann die Arbeit zu erledigen, um die auf mich wartenden weiteren fünfhundert Franken abholen zu können. Das war dem Fortschreiten des Opus drei nicht besonders förderlich, besonders weil durch den vorgeschossenen Betrag wieder allerlei Begehrlichkeiten in mir geweckt worden waren und die kurze Strecke der Sorglosigkeit sich rasch auch in eine Leichtsinnigkeit niederer Stufe wandelte, die mit echter, überlegener Heiterkeit nichts zu tun hatte.

In diesen Blättern möchte ich es ausdrücken, möchte ich, sofern es mir gelingt, etwas darüber schreiben, was für ein eigenartiges Glück im Verzicht liege. Ein solcher Verzicht auf Freuden und Genüsse braucht gar nicht immer freiwillig zu sein; auch, beispielsweise, durch Armut oder Krankheit zum Verzicht gezwungen worden zu sein, kann zu einer echten Quelle glücklichen Lebensgefühls werden, insofern nämlich, als man die Armut oder die Krankheit auf sich nimmt, annimmt, akzeptiert. Aber der freiwillige Verzicht verliert deshalb von seinem Sinn nichts; ich denke, manchen wohlhabenden, als geizig verschrienen Personen tut man Unrecht, wenn man ihnen nachsagt, sie gönnten sich oder andern nichts. Jedenfalls, ob sie sich selbst nichts gönnen, für sich selbst bescheiden und sparsam leben, das ist ihre Sache, und oft gefällt es mir zu träumen, es verwirklichten gerade diese Leute jenes Ideal der heiteren Anspruchslosigkeit, der gelassenen Überlegenheit über die leichten Versuchungen, die ich für meine Person vergeblich anstrebte.

Durch den Übersetzungsauftrag, vielmehr durch den damit verbundenen Vorschuß, wurde meine Arbeitsdisziplin gefährdet. Zwar begab ich mich täglich regelmäßig an meinen Platz im Lesesaal der ‚Museumsgesellschaft‘, aber das Geld juckte mich. Die Ferne begann wieder möglich zu werden, eine Reise.

Es kam dann noch etwas anderes hinzu. Der Schweizerische Feuilletondienst, eine von einigen Zeitungen im Dienste der geistigen Landesverteidigung gegründete Institution, die durch die Unterstützung, Förderung und Ermutigung der einheimischen Schriftsteller der literarischen Überfremdung in den Feuilletons zu steuern versuchte, hatte einen Wettbewerb für einen schweizerischen Zeitungsroman ausgeschrieben. Ein Plan und ein ausgearbeitetes Kapitel mußten eingereicht werden.

Das Kapitel lag vor, den Plan improvisierte ich rasch und, wie ich glaubte, aus dem Handgelenk und sandte das Ganze ein.

Es war einer jener Geniestreiche der Faulheit, die einen dann später, in der Erinnerung, so demütigen.

Nämlich, es dauerte einige Monate, bis der Entscheid der Jury fiel, auf Grund welchen Entscheides dann der betreffende Schriftsteller an der zweiten, der Endphase des Wettbewerbes teilzunehmen aufgefordert wurde. Meinem dem Weg des geringsten Widerstandes folgenden Naturell war diese Bestimmung ein Vorwand, mit meiner Arbeit am Opus drei auszusetzen, bis diese Vorentscheidung gefallen war. Es bestand dazu nicht der kleinste Anlaß; ich hätte das Büchlein, mochte wann immer und so oder so der Entscheid fallen, ruhig zu Ende schreiben können. Aber nein, mir war dies nun ein Anlaß, meine Arbeit abzubrechen und zu warten.

Eine andere, aber diesmal positive Erfahrung blieb mir aus diesem Erlebnis: der angeblich improvisierte und aus dem Handgelenk geschüttelte Plan erwies sich bis in jede Kleinigkeit hinein als dauerhaft, als hieb- und stichfest. «Riedland» baut sich auf ihm auf.

Ich hatte mich also der kleinen Summe Geldes wegen, die ich vorübergehend besaß, um meine gute Arbeit gebracht, mein Gewissen mit der ungetanen Übersetzung des Romans von Robert de Traz belastet, und außerdem nährte ich vergnügungssüchtige Reisepläne.

Heute, in der zeitlichen Entfernung von mehr als zwanzig Jahren, da ich diese Erinnerungen schreibe, kann ich natürlich die Zusammenhänge erkennen. Das Fernweh in meiner Brust kämpfte mit der Einsicht, daß etwas geschehen, das heißt, daß etwas geschaffen werden müsse. So ein aus dem Geleise geratenes Leben, nach dem Absprung aus dem gesicherten Einkommen und dem Verzicht auf jegliche Sicherheit, konnte vor mir selbst und vor den Mitmenschen nur durch eine Leistung legitimiert werden. Ich muß allerdings sagen, man hatte damals, und es ist ja im Grunde eine kurze Zeitspanne, noch nicht das gleiche Verständnis für eine unkonformistische Lebensweise. Sie ist, so wie ich es sehe, erst durch das Gebaren der Nachkriegsjugend in einem größeren Teile der Bevölkerung überhaupt als eine Möglichkeit, wie man auch leben kann, bewußt geworden. Aber das Wilde, Unregelmäßige, das sogenannte Künstlerische, das Zigeunerhafte, das «wildgenialische Treiben», dieses Provozieren und Epatieren des Bürgers ist natürlich der wirklichen künstlerischen Produktion nicht förderlich, sondern eher schädlich. Die Zeit nämlich der eruptiven Hervorbringung von Werken in einigen fiebrigen Wochen, ja Nächten, in gleichläufiger Bewegung mit Liebesabenteuern, Gelagen und anderen Verrücktheiten, diese Zeit ist sehr rasch vorbei. Nach dem vierzigsten Lebensjahr sieht alles anders aus, und man beginnt zu begreifen, daß jene vulkanischen Ausbrüche nicht unser Verdienst waren, nicht unserem Wollen entsprachen, sondern einen, fast möchte man sagen, physiologischen Vorgang mit geliehenen kosmischen Kräften darstellen.

Wer nach dieser Epoche, in der man sozusagen alles geschenkt bekommt, bei der Schriftstellerei bleibt, klaren Blickes, wissend um die eigenen Grenzen auch, und eben mit dem hierorts, in unserem Lande, geforderten Verzicht auf geordnete Einkommensverhältnisse und Sicherheit, der beginnt allmählich zu merken, daß die wichtigste Bedingung, um etwas zu leisten, der Rhythmus seiner Tätigkeit ist, Goethes «ungestörtes, unschuldiges, nachtwandlerisches Schaffen, wodurch allein etwas Großes gedeihen kann». Diesen Rhythmus zu wahren, zu behüten, zu sichern, zu verteidigen gegen alle Lockungen und Verlockungen innerlicher und äußerlicher Art, das ist die dringliche Aufgabe des Schriftstellers. Diese regelmäßigen zwei, drei oder vier täglichen Arbeitsstunden muß er ernst nehmen, wenn er es mit seinem Beruf ernst nimmt. Und sollte er während dieser Zeit selbst vor einem leeren Blatt sitzen, und sollte es leer und zerknüllt liegen bleiben, wenn er aufsteht, dann hat er für sein Werk immer noch mehr getan, als wenn er sogleich aufgestanden wäre und Zerstreuung gesucht hätte. Diese Lektion, diese Lehre des Willens, die er seinem Unterbewußtsein, seiner streikenden Inspiration erteilt hat, wird nicht ungehört bleiben.

Der Vorschuß für die «Pouvoir des fables» war bald vertan, und das muß ich in dem Zustand, in dem ich mich befand, fast als ein Glück bezeichnen. Die Übersetzerarbeit kettete mich an den Schreibtisch, und von dieser Fronarbeit profitierten auch die anderen Arbeiten. Aus der Erinnerung an die Küken, die im künstlichen Licht durch einen Brutapparat in einem Schaufenster unter den Augen der Passanten aufgezogen wurden, und der Erinnerung an die eindrückliche Reklame der Lebensversicherungsgesellschaften war mir der Einfall zu einer Komödie gekommen, «Der heitere Lebensabend». Ich erholte mich von der Übersetzerarbeit, indem ich zwischenhinein Dialogfetzen meiner Komödie niederschrieb, eigenartigerweise in französischer Sprache, so daß ich, als ich mit den drei Akten zu Ende war, zu meiner Übersetzung von Robert de Traz' Roman noch eine zweite anzufertigen hatte, jene meiner Komödie.

Ein Verwandter von mir, der Mitbesitzer eines Lebensmittelgeschäftes, kannte den damaligen Besitzer des Schauspielhauses noch von früher her, als er der Inhaber einer Weinhandlung gewesen war. Dieser Verwandte anerbot sich, mir behilflich zu sein, die Komödie beim Schauspielhaus anzubringen, zum wenigsten deren Überreichung zur Prüfung durch seine Anwesenheit und die Manifestation unserer Verwandtschaft zu unterstützen. Es ward mit dem Besitzer des Theaters ein Rendezvous vereinbart, zu dem ich mich dann auch, in Begleitung meines Verwandten, das Manuskript des «Heiteren Lebensabend» unter dem Arm, einfand. Ich war damals von eher schmächtiger Gestalt, was um so mehr auffiel, als die beiden Herren, in Gesundheit und Wohlstand erblüht, über meinen Kopf hinweg ein eigenartiges Gespräch begannen. «Ihr kauft eure Lebensmittel nicht mehr bei unserer Filiale», sagte mein Verwandter. «Ihr habt ja den Wein auch nicht mehr bei unserer Filiale gekauft», erwiderte der Besitzer des Schauspielhauses. «Dafür haben meine Frau und ich ein Abonnement fürs Theater genommen», versetzte der Verwandte. «Letztes Jahr, aber dieses Jahr nicht mehr», entgegnete der ehemalige Weinhändler prompt. Ich saß da zwischen beiden und folgte wie der Zuschauer auf dem Tennisplatz den Repliken und Dupliken, die da, Bällen gleich, über meinen Kopf hinweg herüber und hinüber flogen, in Sphären, die mir unbekannt waren. Wie es dann weiterging, dessen kann ich mich nicht mehr entsinnen; nur so viel weiß ich noch, daß ich die Komödie nochmals übersetzen mußte, vom Hochdeut-

145

schen in die Mundart, so daß also drei Versionen von ihr bestanden, die französische, die hochdeutsche und jene in Dialekt. Trotzdem hat sie das Rampenlicht nie erblickt.

Diese ganze Tätigkeit vollzog sich jedoch in einem unbeständigen Klima; die geleistete Arbeit löste keine Befriedigung, kein Glücksgefühl aus. Im Gegenteil, die absurde Konferenz beim Besitzer des Theaters hinterließ in mir ein Gefühl von Schalheit, der Demütigung sogar; es erfuhr noch eine Verstärkung, als es sich als vollkommen ausgeschlossen herausstellte, für das übersetzte Werk des welschschweizerischen Schriftstellers einen deutschschweizerischen Verleger zu finden.

Solche Zustände im Leben eines Schriftstellers muß man als die gefährlichen bezeichnen. Die durch Betriebsamkeit nur notdürftig verhüllte Sterilität verbreitet in der ganzen Seelenwelt etwas Windiges und Schwimmendes. Es war, als hätte ich mit der Einstellung der Arbeit an meinem Roman mir selbst den Lebensfaden abgeschnitten. Mein Dasein bekam etwas Notdürftiges, Provisorisches, das ich sozusagen mit eifrigem Nicken anerkannte. Das galt ja alles nicht. Das richtige Leben würde nachher, später, erfolgen. Ich glaube, ich habe in meinem Leben sehr viel «richtige» Zeit auf solch läppische Weise vertrödelt.

Statt mich nun, als ich den Rest meines Honorars für die Übersetzung empfangen hatte, nach Art des Freiherrn von Münchhausen am eigenen Zopf aus dem Sumpfe zu ziehen, von der Atempause zu profitieren, und, wie wir im Militärdienst sagten, die Hosen B gegen die Hosen A zu wechseln, also wieder ein Leben A zu führen, wußte ich nichts Gescheiteres zu tun, als mich auf eine Reise zu begeben, nach Italien. Sie blieb natürlich, in der Stimmung, in der sie angetreten wurde, ohne eine befreiende Wirkung; ich wanderte in diesem Venedig, in diesem Florenz umher wie ein zerstreuter Museumsbesucher, der einen Rundgang absolviert, kaum einmal von einem Kunstwerk angerührt – und die ganze Zeit über hatte ich ein Heimweh in meinem Herzen, nicht etwa nach der geographischen Heimat, sondern auf eine nicht auszudrückende Art nach meinem Ich oder nach meinem Werk. Der David Michelangelos, einige berühmte Bilder, sie fanden einen Widerhall, aber er war nicht künstlerischer, er war egoistischer Art. Daß ein Mensch so etwas zurücklassen könne auf seiner kurzen Lebensfahrt, eine noch lang sichtbare silberschäumende Bugwelle auf dem Wasser, während das Schiff bereits in den dunkeln Hafen eingelaufen ist – das etwa war die Antwort des Unwürdigen.

Das wirkliche Daheimsein, das Geborgensein in der hohlen Hand der Schöpfung, der Natur, ich hatte es ja ahnungsweise erfahren dürfen, bei jenem Spaziergang auf den Adlisberg, dann in Genf und zuletzt wieder, wenn ich in den Souvenirs Fabres las und ich daraufhin, wie eine seiner Mörtelbienen, die ein Sandkorn zum Bau der Zelle trug, in der die Larve schlummern würde, ein paar Sätzchen am «Riedland» schreiben durfte. Ich hatte diesen kostbaren Zustand nicht bewahren können; wenn auch nicht auf mutwillige Weise, so doch aus Dummheit hatte ich ihn zerstört und vertan, und das Beste, was mir davon blieb, das war die Reue und der Blick durch die Zaunlatten in ein verlorenes Paradies. Auch daß ich mir immer noch einredete, ich könne das sogleich alles wieder haben, wenn ich nur wolle, gehörte zum Mechanismus dieser lähmenden Gleichgültigkeit.

Vielleicht wäre mir ein neues Abgleiten in den Bereich der Hafersüpplein heilsam gewesen; allein während einer geraumen Zeit bildete sich um mich herum etwas wie eine Verschwörung. Es flossen mir Angebote, Aufträge zu, von der Filmindustrie. Ich konnte mich als Dialogverfasser, als Drehbuchautor betätigen; ohne stabil oder gar sicher zu werden, verbesserten sich meine Einkommensverhältnisse. Ich mußte nicht mehr hungern, ich mußte es nie mehr. Wird es mir ein Mensch glauben, wenn ich sage, daß ich an jene Zeit des Hungerns fast mit einem Gefühl des Bedauerns zurückdenke? Es kommt mir vor, als werde der aus Not hungernde Mensch durch das Schicksal geadelt.

Der einige Monate andauernden Scheinblüte schriftstellerischen Lebens machte der damalige Feuilletonredaktor der Neuen Zürcher Zeitung, Eduard Korrodi, ein Ende. Ich wohnte in seiner Nähe, und einmal auf der Straße sagte er zu mir in seiner beiläufigen und wie zerstreuten Art. «Ihre ‚Armut‘ [das war der Arbeitstitel des Romans ‚Riedland‘] hat mir am besten gefallen. Es ist natürlich kein Zeitungsroman. Den ersten Preis erhielt Friedrich Glauser für seinen Kriminalroman ‚Der Chinese‘.»

Eduard Korrodi war Mitglied der Jury im Wettbewerb des Schweizerischen Feuilletondienstes. Sollte man es denken, daß eine solche Bemerkung einem Schriftsteller Auftrieb geben könne? Ich löste so rasch wie möglich meine Beziehungen zur Filmindustrie und begann nun wirklich an meinem Roman «Riedland» zu arbeiten. Und ich konnte nun auch wieder zu J.-H. Fabres

‚Souvenirs entomologiques' zurückkehren, zu diesen Büchern der Stille, die in unbegreiflicher Weise neben meiner Arbeit einherliefen.

«Es gehört zur Naturbetrachtung eine gewisse ruhige Reinheit des Innern, das von gar nichts gestört oder präokkupiert ist ...», so sagte am 18. Mai 1824 Goethe zu Eckermann.

XII

DIESE RUHIGE Reinheit des Innern besaß J.-H. Fabre,
als er den ‚Harmas' bezog. Sie war ihm nicht geschenkt
worden, er hatte sie sich in einem verbissenen Kampfe
erringen müssen, und damit sein Inneres nicht mehr gestört oder präokkupiert werde, zog er sich in diese Ein-
siedelei ein wenig außerhalb des Dorfes Sérignan zurück. Man könnte sagen, seine äußere Biographie sei
damit zu Ende.

Es sah allerdings, als er das alte Haus bezog und das
Grundstück mit einer Mauer umfrieden ließ, nicht so
aus, als würde er, der in den praktischen Geschäften des
Lebens so Ungeschickte, sein Besitztum wahren und vor
Verfall behüten können. Nicht lange nach seinem Sohn
Jules verlor Fabre auch seine Frau. Die Kinder waren
groß geworden, die einen verheiratet, die anderen im
Begriffe, ihn zu verlassen: während zweier Jahre hauste
der Witwer allein mit seinem alten Vater, der bald darnach in seinem sechsundneunzigsten Jahre sterben
sollte.

Ein sicherer Instinkt hieß Fabre, der nun das sechzig-
ste Lebensjahr hinter sich hatte, das Richtige tun. Er ver-
heiratete sich nochmals. Seine zweite Frau war jung,
arbeitsam, frisch, – und die Zukunft bewies, daß sie ihre
Aufgabe, den Forscher von den Störungen und Präok-
kupationen abzuschirmen, vorbildlich zu erfüllen wußte. Drei Kinder, ein Sohn und zwei Töchter, entsprossen
dieser zweiten Ehe; zu ihnen gesellte sich noch die jüngste aus der ersten, Aglaé, die wieder unter das väterliche
Dach zurückgekehrt war und die des Forschers Mitar-

beiterin und später die Verwalterin seines Nachlasses werden sollte.

Während der kommenden dreißig Jahre spielt sich sein Leben in diesem Raume ab, in der dürren, steinigen Landschaft rings um Sérignan, zwischen Rebstöcken und Oliven, auf der rostroten Erde mit den Zypressenhecken, die sie vor dem Mistral beschützen sollen, am Rande einer weiten Ebene, die der zerklüftete Mont Ventoux abschließt.

Die Macht und die Kraft, die von den ‚Souvenirs entomologiques‘ ausgehen, sind gewiß, was die wissenschaftliche, die forscherische Seite des Werkes anbetrifft, verstandesmäßiger Art. Fabre bezwingt den Leser durch die Schärfe seiner Beobachtungen, seine Unbestechlichkeit, sein unermüdliches Beharren und eine Geduld, die mit jener der Natur selbst wetteifert. Er entzückt durch die Genialität der Versuche, die er mit den Insekten anstellt, fast ohne daß sie es wissen und spüren, und stets so, daß sie nicht leiden müssen. Zuverlässig, gewissenhaft, ehrlich, wie er ist, erringt er ganz kleine feststehende Resultate, weil er seine Anstrengung und die Zeit, Jahre oft, immer und immer wieder zurückkehrend und neu beginnend, für nichts rechnet. All das hinterläßt, wenn man die Souvenirs liest, einen tiefen Eindruck.

Aber ihren Zauber, das Erlebnishafte, Befreiende, Beseligende fast, möchte ich sagen, erklärt es nicht. Diese Wirkung kommt von anderswo her.

Die Kraft dieser Bücher kommt daher, daß sie von einem glücklichen Menschen geschrieben wurden. Auch jetzt noch, da ich diese Zeilen schreibe, da ich doch mit dem Leben Fabres und mit seinem Werke vertraut bin, pocht mir das Herz, wenn ich an die Jahre denke, die er im ‚Harmas‘ verbracht hat. Hier ist es mir, ist es uns allen auf eine greifbare, beweisbare Weise vorgelebt, daß es ein Glück gibt und daß man es sich erringen, daß man es sich erstreiten kann, nicht, oder fast nicht mit materiellen Waffen, aber indem man das tut, wofür man geboren ist. Dieses Glück besteht nicht im Erfolg, nicht im Ruhm und selbstverständlich nicht im Besitz, sondern ganz allein in einer Seelenlage. Man kann es nicht schlicht genug ausdrücken. In Heiterkeit und Harmonie hat Jean-Henri Fabre, inmitten seiner Familie, im Umgang mit ganz wenigen Freunden, von denen noch berichtet wird, sein Lebenswerk geschaffen, eben die ‚Souvenirs entomologiques‘, einen Markstein in der Naturwissenschaft, die klassische Monographie über den Instinkt der Insekten, gültig noch heute für die Fachwissenschaft und lesbar für jeden.

Sein Werk ist klassisch, einmalig, es kann nicht wiederholt werden, nicht nachgeahmt werden. Die Art, wie es vollbracht wurde, unter welchen Umständen, und was Fabre tat, um diese Verhältnisse zu schaffen, wie er aus Kampf, Verzicht, Bescheidung und Geduld einen Raum und ein Glacis von Zeit um sich und das künftige Werk zu legen verstand, darin liegt etwas von der göttlichen Weisheit, etwas von dem schöpferischen Plan, den der Forscher bei seinen Insekten durch die Manifestationen des Instinktes hindurchschimmern sah.

Diese dreißig Jahre der Stille und der Einsamkeit, in denen die zehn Bände der Souvenirs, ohne Hast, ohne Zwang, in der Freude geschrieben wurden, kommen mir heute vor wie eine der Menschheit ausgesparte Kapsel, Kapelle. Fabre, in seinem Distelgarten, umsummt,

umschwirrt von den Bienen, Wespen, Faltern, Heuschrecken, Käfern und Schmetterlingen, erinnert an
Franz von Assisi.

Im neunten Band der Souvenirs, 1905 erschienen, hat
er etwas über seinen kleinen Arbeitstisch geschrieben.

«Groß etwa wie ein Taschentuch, auf der rechten
Seite das Tintenfläschchen, linker Hand das offene
Heft, bot mein Tischchen gerade so viel Platz, daß man
auf ihm schreiben konnte. Wie liebe ich das kleine Mö-
belstück, eine der ersten Erwerbungen meines jungen
Haushaltes. Leicht läßt es sich umstellen, vor das Fenster, wenn das Wetter trüb ist, in einen dunklen Winkel,
wenn die grelle Sonne blendet, und im Winter in die angenehme Nachbarschaft des Kamins, in dem ein Holz-
klotz brennt. Kleine, armselige Tischplatte, mehr als
ein halbes Jahrhundert bin ich dir treu geblieben. Tin-
tenbekleckst und vom Messer gekerbt, dienst du heute
noch meiner Prosa als Unterlage, wie meinen Mathema-
tikaufgaben vor fünfzig Jahren ... Eine deiner Ecken ist
abgebrochen, die Bohlen fangen an, sich zu trennen.
Von Zeit zu Zeit höre ich den Hobelschlag des Holz-
wurms, des Ausbeuters alter Möbel. Von Jahr zu Jahr
bohrt er neue Gänge und nimmt dir etwas von deiner
Festigkeit; die alten münden mit kleinen runden Löch-
lein ins Freie. Ein Fremdling, ein anderes Insekt, bemächtigt sich ihrer, ausgezeichnete Wohnstätten, die
sie sind, und ohne eigene Mühe errichtet. Ich sehe den
Kühnling wohl, wie er mir während des Schreibens unter dem Ellbogen hindurchschlüpft und in dem vom
Holzwurm verlassenen Tunnel verschwindet. Das ist ein
Liebhaber von Freiwild, auf der Suche nach einem
Körbchen voller Blattläuse für seine Larven. Ganze

Völkerstämme beuten dich aus, lieber alter Tisch, ich schreibe auf einem Gewimmel von Getier. Keine Unterlage paßt besser, um darauf diese Erinnerungen eines Insektenforschers niederzuschreiben ...»

Bald schon hat sich auf dem ‚Harmas' ein Faktotum eingefunden, Favier, Gärtner benannt, aber in Wirklichkeit ist der ehemalige Krim-Soldat das Mädchen für alles. Er hat in den Laubhütten Afrikas geschlafen, er hat in Konstantinopel Seeigel gegessen, und in der Krim hat er Stare geschossen. Er ist weit herumgekommen und ein guter Erzähler ... «Im Winter, wenn die Arbeit draußen gegen vier Uhr des Abends zu Ende gegangen ist und die langen Abende beginnen, Rechen, Harke und Schubbenne versorgt sind, setzt er sich neben den Küchenherd, in dem die Eichenbengel knacken. Die Pfeife wird hervorgeholt, kunstgerecht mit dem angefeuchteten Daumen gestopft und mit Andacht geraucht. Lange Stunden schon dachte er daran, aber er hielt sich im Zügel, denn der Tabak ist teuer. Aber dieser Verzicht hat den Genuß nur erhöht, und keiner der ruhigen, regelmäßigen Züge geht verloren.»

Favier hat also viel gesehen, und er weiß aus den unmöglichsten Dingen eine Mahlzeit zu bereiten, nicht nur aus Dachsen, Füchsen, selbst aus Schlangen und Eidechsen stellt er die berüchtigte «Rassade» her; auch Heuschrecken hat er einmal gebraten, in Öl, und daran war Fabre nicht unschuldig.

Unübertroffen jedoch ist Favier, wenn es darum geht, neugierige Frager von seinem Herrn fernzuhalten.

«Unser Bauer ist neugierig, fragt immer wie ein Kind; aber seine Neugierde ist schlau, hinterhältig, man weiß nie recht, macht er sich über einen lustig. Was er nicht versteht, bringt ihn zum Lachen. Und was gibt es Lächerlicheres als so einen Herrn, der durch ein Glas hindurch eine Fliege betrachtet, die er mit einem Gazenetz gefangen hat, oder einen Span faulen Holzes? Favier versteht es trefflich, die spöttischen Frager zum Schweigen zu bringen. Wir suchten einmal beide, Schritt für Schritt, zur Erde gebeugt, nach jenen Zeugen vorgeschichtlicher Epochen, die auf der Südseite des Berges so zahlreich sind: Äxte aus Serpentin, Scherben aus schwarzem Ton, Pfeile und Lanzenspitzen aus Silex, Splitter, Schabeisen und dergleichen.

,Was macht dein Herr mit diesen Feuersteinen?' fragt da einer, der dazu kommt. ,Er fabriziert Glaserkitt daraus', antwortet Favier feierlich.

Ich hatte schon eine Handvoll Hasenkot zusammengelesen, auf dem ich mit der Lupe eine Wucherung von Pilzen hatte wahrnehmen können, die mir einer genaueren Untersuchung würdig erschien. Da kam auch so ein Neugieriger hinzu, der sah, wie ich in eine Papiertüte den kostbaren Fund sorgfältig versorgte. Er vermutet ein Geschäft, das Geld einbringt, einen unerhörten Handel, denn für den Bauern muß sich alles in klingende Münze umwandeln. Ich schaffe mir da offenbar eine fette Rente aus dem Hasenmist. ,Was macht dein Meister mit dem ...?' fragt er voller List. ,Er destilliert ihn, um den Saft daraus zu gewinnen', antwortet Favier mit der größten Selbstverständlichkeit, und völlig verblüfft durch diese Auskunft geht der Frager davon.»

Immer streut Fabre solche Anekdoten ein; sie verleihen dem gewaltigen wissenschaftlichen Werk eine warme, menschliche Atmosphäre, sie nehmen ihm das Akademische. Trotzdem hat es vor den Akademien standgehalten, und der Forscher durfte es noch erleben. Das meiste, was wir von ihm wissen, erfuhren wir durch ihn selbst; man kann aus den Erinnerungen an seine Jugend, seine Studien und an seine Lehramtszeit, die kreuz und quer ganz unchronologisch über die zehn Bände der ‚Souvenirs entomologiques‘ verteilt sind, einen großen Teil seiner Lebensgeschichte zusammenstellen. Sie ist ziemlich arm an äußeren Vorgängen, und käme es auf diese an, so müßte sie schweigen über die letzten fünfunddreißig Jahre von Fabres Leben. In Wirklichkeit jedoch sind die Bände II bis X, die von 1880 an in Abständen von etwa drei Jahren erschienen sind (der erste Band erschien 1878), der genaue Bericht über das, was er nicht nur in jedem Jahr, sondern zu jeder Jahreszeit, ja oft von Stunde zu Stunde getan hat. Am Abend, bis spät in die Nacht hinein, brachte er die Beobachtungen in seinen Registern à jour, und wenn er über einen Gegenstand alles Material besaß, Notizen, die sich nicht nur über Jahre, sondern oft über Jahrzehnte hinzogen, begann er in seiner kleinen, gemessenen, klaren Schrift die erprobten, die feststehenden Ergebnisse seines Forschens niederzuschreiben. Er hat zeitlebens den einfachen Tonfall seiner Kinderlehrbücher beibehalten; er wendet sich an einen Leser ohne Voraussetzungen, einen, der gar nichts weiß, hatte ihn doch die Begegnung mit dem großen Pasteur gelehrt, daß Nichtwissen und sich zu diesem Nichtwissen bekennen nicht nur die Voraussetzung zum echten Verstehen, sondern recht eigentlich ein Zeugnis der Intelligenz darstellt. Aber Fabre ist der Tonfall des Elementarlehrers, sind seine aus dem Alltag genommenen Bilder und Vergleiche nur ein Vorwand, seinen Leser in die Zange zu nehmen und ihn

156

schrittweise den Weg vom Nichtwissenden zum Wissenden gehen zu lassen, der sein eigener ist. Außer der Kenntnis über einen Vorgang im Insektenleben lehrt aber Fabre seinen Leser noch etwas anderes: die Geduld nämlich. Sie ist nichts anderes als erfüllte, ausgefüllte Zeit; diese Zeit wird gemessen nach der Tiefe, nach dem Grade der Selbstvergessenheit, doch nicht mehr nach der auf dem Zifferblatt angezeigten Dauer. Fabre liebt über alles die Uhr aus schwarzem Marmor, die ihm die Schülerinnen der freien Kurse in der alten Abtei von Saint-Martial in Avignon aus Dankbarkeit verehrt hatten. Aber wenn ihn des Nachts ihr Ticken bei der Arbeit, während seiner ewigen Wanderungen um das kleine Tischchen störte, dann pflegte er kurzerhand die Zeiger anzuhalten. Da braucht es wirklich nicht mehr viel, um das Symbolische dieser Bewegung zu erkennen.

Wie aber J.-H. Fabre seine Zeit, die letzten fünfunddreißig Jahre seines Lebens zubrachte, das kann man nicht anders erfahren, nicht besser auch, als durch ihn selbst.

Immer gab es, als er seinen ‚Harmas‘ bezogen hatte, nur einen Reichtum, mit dem er prunkte, mit dem er geudete: die Zeit. Immer benahm er sich so, als ob er unendliche Zeit zur Verfügung hätte. Fast möchte man sagen, weil diese viele Zeit ihm gehörte, darum war er ein glücklicher Mensch. Im zweiten Kapitel des zweiten Bandes erzählt uns Fabre seine Erlebnisse mit der Behaarten Sandwespe, der Ammophila hirsuta. Für die Leser, die, wie ich, keine Entomologen sind, nur ein paar Angaben, damit sie sich ungefähr vorstellen können, um was für ein Tier es sich handelt. Dieses Insekt ist 15–18 mm lang; der Hinterleib bildet einen ganz dünnen Stil, der sich dann wieder verdickt. Er ist auffallend rot. Diese Wespen graben Röhren in den Sandboden oder in Lehmhalden, in die sie dann ihre Eier legen. Als Nahrung für die ausschlüpfenden Larven tragen sie gelähmte Raupen hinein.

«Einige Wespen erforschten zu Fuß den Boden, flogen rasch auf, ließen sich wieder nieder, einmal auf grasige, dann wieder auf kahle Stellen. Schon Mitte März, beim ersten schönen Tag, hatte ich gesehen, wie sie sich im Staub der Fußwege behaglich an der Sonne wärmten. Es waren Behaarte Sandwespen, Ammophila hirsuta Kirb. Ich habe im ersten Band erzählt, wie diese Wespe überwintert, wie sie schon früh im Frühjahr zu jagen beginnt, zu einer Zeit, da die anderen jagenden Hautflügler noch verpuppt sind. Ich habe beschrieben, wie sie die Raupe operiert, die den Larven als Nahrung bestimmt ist, ich habe von den Stichen erzählt, die sie mit ihrem Stachel dem Opfer zufügt, in die verschiedenen Nervenzentren. Dieser kunstvollen Lähmung hatte ich nur einmal beigewohnt, und ich wollte sie nochmals sehen. Vielleicht war mir in der Übermüdung, nach der langen Exkursion, etwas entgangen, und hatte ich wirklich alles genau beobachtet, so war es sicher gut, es nochmals zu tun, um der Beobachtung die unumstößliche Echtheit zu verleihen. Übrigens sollte man hundertmal dem Schauspiel beiwohnen, dessen Augenzeuge ich zu werden wünschte, man würde seiner nicht überdrüssig.

Ich überwachte also meine Sandwespen vom ersten Tag ihres Erscheinens an; da ich sie stets unter den Augen hatte, ein paar Schritte vor meiner Türe, konnte es mir nicht entgehen, wenn sie anfingen zu jagen, vorausgesetzt, daß ich in meiner Wachsamkeit nicht nachließ. Das Ende des März und der ganze Monat April verstrichen in vergeblichem Warten, sei es, daß der Augenblick des Nestbaus noch nicht gekommen war, sei es, daß ich nicht aufmerksam genug gewesen war. Endlich, am 17. Mai, zeigte sich mir der Glücksfall.

Einige der Sandwespen machten mir einen geschäftigen Eindruck. Folgen wir einer von ihnen, einer, die besonders tätig zu sein scheint. Ich überrasche sie dabei, wie sie ihren Erdbau im festgestampften Boden einer Allee soeben mit ein paar letzten Zügen des Rechens glättet, bevor sie die gelähmte Raupe hineinträgt. Irgendwo, ein paar Meter von diesem Bau entfernt, muß der Jäger seine Beute vorläufig abgelegt haben. Nachdem die Höhle passend, der Eingang weit genug, um das große Wild einzubringen, befunden worden war, macht sich unsere Sandwespe auf, ihr Beutestück zu holen. Sogleich hat sie es gefunden. Es ist ein grauer Wurm, wie man bei uns sagt [die Raupe der Kohleule, Noctua segetum Hübner], der da regungslos auf der Erde liegt, aber die Ameisen haben sich seiner schon bemächtigt. Die ihm von den Ameisen streitig gemachte Beute wird vom Jäger verschmäht. Viele Hautflügler, die vorübergehend ihr Beutestück im Stich lassen, um ihren Erdbau zu verbessern oder manchmal sogar erst zu beginnen, pflegen das erlegte Wild irgendwo in der Höhe zu lagern, zum Beispiel auf einem Gebüsch, um es vor Raub zu schützen. Auch die Sandwespe kennt diesen vorsichtigen Brauch. Vielleicht hat sie diesmal diese Maßregel unterlassen, oder dann ist das Beutestück zur Erde gefallen, auf alle Fälle streiten sich nun die Ameisen um den Leckerbissen; unmöglich, die Diebe zu verjagen; für einen, dem die Sandwespe Meister würde, kämen zehn neue. Der Hautflügler scheint die Situation auch so einzuschätzen, denn nachdem er den Überfall festgestellt und eingesehen hat, daß ein Streit nutzlos wäre, setzt er die Jagd fort.

Die Sandwespe stöbert in einem Umkreis von etwa zehn Metern vom Nest entfernt. Sie untersucht den Boden, zu Fuß, Schritt für Schritt, ohne Eile, die bogenförmigen Fühler schlagen, betasten fortwährend den Boden. Ohne Unterschied untersucht sie grasbewachsene oder steinige Stellen. Fast drei Stunden lang, in glühender Sonne, bei sehr schwülem Wetter – anderntags regnete es, aber schon am Abend fielen einzelne Tropfen – verfolgte ich meine Sandwespe auf ihrer Suche, ohne sie auch nur eine Sekunde aus den Augen zu verlieren. Wie schwer scheint es doch einem Hautflügler, so einen grauen Wurm zu finden, den er sofort benötigt!

Aber es ist auch für den Menschen nicht leichter. Ich habe die Methode erläutert, die ich befolgte, um der chirurgischen Operation beizuwohnen, der ein Hautflügler seine Beute unterzieht, damit er den Larven ein regungsloses, doch nicht totes Stück vorsetzen kann. Ich nehme dem Räuber das gelähmte Wild weg, und lege ihm dafür eines von der gleichen Art hin, das noch unversehrt ist. Ich hatte mir dieses Manöver auch für die Sandwespe ausgedacht, um sie zu zwingen, ihre Operation vor meinen Augen zu wiederholen. Also hatte auch ich ein dringendes Bedürfnis, einige dieser grauen Würmer zu finden.

Favier war in der Nähe, im Garten beschäftigt. Ich rufe ihm: ,Kommen Sie rasch, ich benötige graue Würmer.' Ich erkläre ihm die Sache, in die er übrigens seit geraumer Zeit schon eingeweiht ist. Ich habe ihm von den Tierchen erzählt und von den Raupen, die sie jagen; er weiß ungefähr, wie die Insekten leben, die mich augenblicklich beschäftigen. Er hat es kapiert. Schon ist er auf der Suche. Er wühlt unter dem Salat, er kratzt die Erde unter den Erdbeerstauden weg, inspiziert die Irisbeete. Sein Scharfblick und seine Geschicklichkeit sind bekannt; ich habe volles Vertrauen zu ihm. Aber die Zeit verstreicht. ,Eh, Favier, et ce vers gris?' – ,Je n'en trouve pas, Monsieur.' Teufel, zu Hilfe also ihr andern! Claire, Aglaé, und wer immer noch herum ist, herbei, sucht, findet! Das gesamte Hauspersonal wird aufgeboten, und es setzt eine lebhafte Tätigkeit ein, würdig der großen Dinge, die sich vorbereiten. Ich selbst, auf meinem Beobachtungsposten, um ja nicht meine Sandwespe aus den Blicken zu verlieren, verfolge mit dem einen Auge den Jäger, und mit dem anderen suche auch ich nach einem grauen Wurm. Nichts! Drei Stunden verstreichen, und keiner von uns hat die Raupe gefunden.

Aber die Sandwespe findet sie auch nicht. Ich beobachte, wie sie mit einiger Beharrlichkeit an Stellen, wo die Erdrinde leicht geborsten ist, sucht. Das Insekt räumt Erde weg, müht sich ab; mit ungeheurer Anstrengung schiebt es Stücke von der Größe eines Aprikosenkerns beiseite. Trotzdem werden diese Stellen nach einiger Zeit wieder verlassen. Da steigt in mir eine Vermutung auf: wenn wir auch zu fünft oder sechst vergeblich nach dem grauen Wurm suchen, so will das noch lange nicht heißen, die Sandwespe sei so ungeschickt wie wir, triumphiert doch oft das Insekt, wo der Mensch machtlos ist. Die unerhört feinen Sinnesorgane, die das

Insekt lenken und leiten, können es doch nicht stundenlang im Stiche lassen. Vielleicht hat die graue Raupe,
den kommenden Regen vorausahnend, sich tiefer ein-
gegraben? Der Jäger weiß vielleicht sehr gut, wo das
Wild sich verkrochen hat, aber er kann es aus dem tiefen Versteck nicht hervorholen. Wenn er nach einer
Reihe von Versuchen eine Stelle verläßt, dann nicht
mangels Spürsinn, sondern ganz einfach, weil die Ausgrabung über seine Kräfte geht. Wie blöd, daß ich nicht
früher daran gedacht habe. Würde dieser geborene Wil-
derer einer Stelle irgendwelche Aufmerksamkeit schenken, an der nichts zu suchen ist? Ganz unwahrschein-
lich ist das.

Ich nehme mir also vor, der Sandwespe zu Hilfe zu
kommen. Das Insekt gräbt augenblicklich an einer kahlen Erdstelle. Der Ort wird, wie viele andere vorher,
schon wieder verlassen. Mit der Klinge eines Sackmes-
sers setze ich die angefangene Arbeit fort. Ich finde auch
nichts und gebe es auf. Aber das Insekt kommt zurück
und beginnt von neuem an einer gewissen Stelle meines
Abraumes zu kratzen. Ich verstehe: ‚Geh weg, du Un-
geschickter‘, scheint mir der Hautflügler zu sagen, ‚ich
will dir zeigen, wo das Tier ruht!‘ Ich folge seinen An-
weisungen, ich grabe an der bezeichneten Stelle und –
fördere einen grauen Wurm zutage. Großartig, meine
scharfsinnige Sandwespe, ich dachte es mir doch, du
würdest nicht auf einem verlassenen Kaninchenbau
herumkratzen.

Von jetzt an geht es zu wie auf der Suche nach Trüf-
feln, der Spürhund bezeichnet sie, und der Mensch
gräbt sie aus. Ich fahre fort, das gleiche System anwen-
dend; die Ammophila zeigt mir die richtige Stelle, und

ich grabe mit dem Messer. So erhalte ich bald einen zweiten grauen Wurm, dann einen dritten, einen vierten. Die Ausgrabung findet immer an einer kahlen Stelle statt, auf einem Boden, der vor einigen Monaten umgestochen wurde. Nichts, absolut nichts läßt auf die Anwesenheit einer Raupe schließen. So, Favier, Claire, Aglaé und ihr alle anderen, was sagt ihr dazu! In drei Stunden habt ihr alle zusammen mir nicht ein einziges Räuplein bringen können, während der feine Wildfänger da mir davon verschafft, soviel ich will, nachdem es mir eingefallen ist, ihm beizustehen.»

Bäuchlings, in seiner ganzen Länge auf dem Boden ausgestreckt, verfolgt nun Fabre die ganze komplizierte Operation, die die Sandwespe an ihrem Opfer, der Raupe der Noctua segetum, dem Schrecken der Gemüseplätze, vornimmt; wie sie einen nach dem anderen die zehn Hinterleibsringe auf der Bauchseite mit ihrem Stachel ansticht, bis das Beutetier völlig gelähmt ist. Die Sandwespe verläßt ihr Opfer und kehrt zu ihrem Nest zurück, wo sie, im Hinblick auf die Einlagerung der Beute, noch einige Abänderungen vornimmt, den Eingang, den Endraum erweitert. Fabre ist der Wespe gefolgt, um nichts von ihrem Gebaren zu verlieren. Als er und sie, die Ammophila, zum Beutetier, zum grauen Wurm, zurückkehren, sind die Ameisen schon daran, ihn zu zerlegen.

«Das ist für mich ein bedauerlicher Zwischenfall; für die Sandwespe ist er sehr ärgerlich, denn dies ist nun bereits das zweite Mal an diesem Nachmittag, daß ihr dieses Mißgeschick passiert.

Das Insekt scheint entmutigt. Vergeblich biete ich ihm eines meiner Vorratsstücke an; es verschmäht sie.

Der Abend kommt, der Himmel verfinstert sich, es fallen einige Regentropfen. Unter diesen Umständen ist an eine Fortsetzung der Jagd nicht zu denken. Ich kann auch meine grauen Raupen nicht mehr so verwenden, wie ich es plante. Diese Beobachtung dauerte, ohne Unterbrechung, von ein Uhr mittags bis sechs Uhr abends.»

XIII

BETROFFEN, fast ein wenig erschrocken halte ich inne.
Ich schreibe diese Zeilen an einem Märzmorgen des
Jahres 1959, und ich frage mich, wen er wohl noch zu
interessieren vermöge, dieser kleine, auf das Alter hin
immer schmaler und zarter werdende ehemalige Lehrer
von Avignon und Carpentras, der bäuchlings auf der
ausgetrockneten Erde der Provence liegt, unter glühender Sonne, den Kopf mit seinem breitrandigen Filzhut
bedeckt, mit seinen kleinen scharfen Augen ohne Brauen
durch seine Lupe spähend, fasziniert, bezaubert, auf die
so unscheinbare Ammophila hirsuta hinab, fünf Stunden lang, von ein Uhr bis um sechs Uhr des Nach-
mittags. Ist er nicht just jene komische Gestalt, wie man
ihr in der Wilhelminischen Epoche in den humoristi-
schen Blättern begegnen konnte, jene Daumier-, jene
Spitzwegfigur, der Inbegriff des Weltfremden, Skurri-
len, der Bürger mit dem Schmetterlingsnetz und der
Botanisierbüchse?

Haben wir angesichts eines solchen Mannes nicht alle
etwas von jenen neugierigen und mißtrauischen Bauern
des Vaucluse in uns, die den Favier fragten, was denn
der Herr mit dem Mist des Hasen vorhabe? Oder von
jenem Manne aus meiner früheren Zeit, der wissen
wollte, ob in Büchern etwas zu machen sei? Ist in Insekten etwas zu machen?

Es ist alles so schnell vor sich gegangen. Kaum hatten
wir aus dieser Generation uns über die hüpfenden
Drahtkäfige, über die fliegenden Velos gewundert, flogen deren Abkömmlinge schon über den Ozean.

165

Manchmal sah es aus, als seien die Kriege veranstaltet worden, um technische Novitäten auszuprobieren, und jetzt hat man nicht nur die Schwerkraft der Erde überwunden, sondern sogar jene Kraft, die allen Stoff zusammenhält. Früher, wenn die alten Gebildeten sich zur Ruhe legten, hatten sie viel gesehen und besaßen ein Wissen, das über den ganzen Erdkreis reichte, heute ist es den Greisen vergönnt, mit jedem Tag, den sie erblicken, noch neue Wunder zu erleben. Es sind die technischen Wunder, die Weltwunder, wie die Pyramiden, und, wie sie, durch die Fron ungeheurer Equipen zustande gekommen. Und im Aufschrei der Genugtuung, im Stolz der Zeitgenossen ist etwas wie das mächtige Ein- und Ausatmen der Kollektivseele jener, die die Blöcke zogen: sie waren dabei, auch etwas von ihrer Seele irrt in den kosmischen Räumen umher.

So weit von diesen Dingen entfernt, so fremd ihrer Essenz ist der Entomologe Fabre nicht, wie es scheinen möchte. Wenn er im Staube liegt, wenn er mit entzündeten Augen über seinen Schreibheften sitzt, wenn er gehungert und sonst allerlei erlitten hat, wenn er trotz seiner Familie es wagte, seine Sache fast auf ein Nichts zu stellen, nämlich auf die Spitze seiner Feder, so deshalb, weil er in seinen geliebten Insekten eine Offenbarung sieht. «Studien über den Instinkt und die Sitten der Insekten» lautet der Untertitel seiner ‚Erinnerungen'. Er beobachtet, erforscht und beschreibt die Sitten der Insekten; aber damit begnügt er sich nicht, er deutet sie auch. Sein Lebenswerk ist ein Werk über den Instinkt des Tieres. Wer das Wort Instinkt ausspricht, rührt an die letzten Fragen. Fabre wußte das natürlich, und dieses Letzte, dieses für das menschliche Verstehen

166

Allerletzte war es, das ihn führte, leitete. Von Hunderten von Insekten hat Fabre die kleinste Bewegung, das Verhalten in ungezählten Situationen mit der äußersten, der menschlichen Sprache möglichen Genauigkeit beschrieben. Keine Mühe, keine Zeitverschwendung hat er gescheut, wenn je es sich darum handelte, aus dem Tun der Tiere eine neue Aufklärung, eine neue Botschaft zu erhalten. Man darf diesen Ausdruck verwenden: er hat die Insekten mit religiöser Andacht beobachtet. Seine ganze messerscharfe Intelligenz, den berühmten bon sens der Franzosen hat er bei diesen Beobachtungen mobilisiert und alle moralischen Eigenschaften, die Geduld, die Ausdauer, die Beharrlichkeit, die Gelassenheit in der Enttäuschung, aber hinter all dem stand seine religiöse Andacht. Diese erklärt seinen Mut, seine Zuversicht, sein Glück. Denn durch das Insekt, durch das Verhalten einer Spinne, einer Ameise, eines Schmetterlings offenbarte sich ihm eine göttliche Intelligenz, die das Universum gedacht hat. Es kann keinen Zufall geben, ruft er einmal aus, und darum lehnt er den Transformismus, lehnt er die Theorien seines Korrespondenten und Bewunderers Darwin ab. Wie, es würde genügen, alle die Buchstaben, die die Iliade ausmachen, in die Luft zu werfen, und wenn sie herunterfallen, so bilden sie das Epos! So wie die Iliade von Homer gedacht wurde, so wurde die Welt von einem Gott gedacht.

Am Schluß seines Kapitels, der Biographie über die Mauerwespe sollte man sagen, stehen die Sätze:

«Und dieses Insekt sollte seine Geschicklichkeit, sein Wissen nach und nach erworben haben, von einer Generation zur anderen, nach einer langen Reihe vergeblicher Versuche, nach blindem Herumtasten? Eine solche Ordnung im Lebenslauf soll aus dem Chaos entstehen, eine solche Voraussicht aus dem Zufall, ein solches Wissen aus der Tollheit? Ist die Welt seit dem ersten Eiweißatom, das sich zur Zelle formte, den Zufällen einer Entwicklung unterworfen, oder ist sie von einer Intelligenz geleitet? Je mehr ich sehe, je mehr ich beobachte, um so mehr leuchtet die Intelligenz hinter dem Geheimnis der Dinge. Ich weiß es wohl, man wird mich als einen abscheulichen Finalisten [cause-finalier] verschreien. Darum kümmere ich mich nicht: eines der Zeichen, das darauf hinweist, daß wir in der Zukunft recht bekommen, – besteht es nicht darin, in der Gegenwart außer Mode zu sein?»

Ein anderes Mal, nach einem Kapitel über die Netze der Kreuzspinne, schreibt Fabre:

«Die Geometrie, das heißt die Harmonie des Raumes, thront über allem, in der Anordnung der Schuppen eines Pinienzapfens so gut wie in jener der Leimruten einer Kreuzspinne, sie ist im Spiralbogen einer Schnecke, wie in der Girlande eines Spinnenfadens, wie in der Bahn eines Planeten. Sie ist überall, in der Welt der Atome wie in der Unendlichkeit der Himmelsräume. Diese allgemein gültige Geometrie spricht uns von einem Himmlischen Geometer, dessen Zirkel alles gemessen hat.»

Einem Menschen wie Fabre braucht man keine künstlichen Brücken zur Aktualität zu bauen. Ich denke, auch wenn der stille Mann im ‚Harmas‘ zu Sérignan etwas von unseren Erdsatelliten und Mondraketen erfahren hätte, sie wären ihm ein Zeugnis mehr gewesen für die geometrische Harmonie des Weltalls und für die unendliche Weisheit des Schöpfers, dessen Gesetze die Bahnen aller Dinge bestimmen. Jedenfalls, zur Blasphemie und Selbstüberschätzung wären ihm diese Errungenschaften kein Anlaß gewesen.

Der Blick in die Insektenwelt hatte Fabre schon längst in gewaltigen Zeiträumen zu denken gelehrt. Die Insekten sind vorweltlich, sie haben lange vor uns in der Erdatmosphäre gelebt, sie haben sich in ihrer vorweltlichen Gestalt erhalten, und es ist anzunehmen, daß etwelche von ihnen noch da sein werden, wenn der Menschheit Ära vorüber ist. Die Insektenwelt ist so groß – 500000 Arten sind bis heute beschrieben worden, aber man schätzt, daß es 2 $^1/_2$ Millionen Arten gebe (das ganze übrige Tierreich umfaßt 110000 Arten) –, daß es nicht viel braucht, um sich vorzustellen, nicht sie lebten in unserer, sondern wir lebten in ihrer Welt. Jede ihrer Arten hat ihre besondere Lebensweise, ihre besondere Art der Ernährung, der Fortpflanzung, auch ein besonderes instinktives Verhalten. Fabre hat oft davon gesprochen, man sollte die Ernährung und den Instinkt zum Kriterium der Klassifikation erheben. Ist auch die Insektenforschung der geeignete Beruf für den armen Biologen, wie Fabre einmal sagte, so waltet in dem Bild, wie sich der Gelehrte über die Völker der Kerfe beugte, etwas fast Gottähnliches. Er beobachtet in ganz kurzer Zeit das Kommen und Gehen ganzer Generationen. Keine Phase im Lebenszyklus dieser Völkerschaften bleibt dem Forscher verborgen; bald erkennt er die Gesetze, die über ihrem Geschicke walten, die Bedingungen ihres Weiterbestehens, ihres Untergangs. Er sieht auch, wie die Geschicke aller Kreatur miteinander verzahnt sind, wie dasselbe Insekt, das für eine andere Art den schrecklichen Feind darstellt, für eine zweite eine willkommene Beute ist. Was Fabre immer wieder hervorhebt, was ihn immer wieder begeistert, vorwärts treibt, das ist das besondere Verhalten jeder Art, das Besondere, das Differenzierte, das sich mit dem komplizierten Wirken eines ganz feinen, für ganz besondere Zustände hergestellten Mechanismus vergleichen läßt. Dieser Mechanismus im Insekt ist der Instinkt. Eingeboren, unfehlbar, unumkehrbar (fatal), blind, der Struktur überlagert, dem Individuum unbewußt und deshalb auch durch das Individuum nicht beeinflußbar, stellt der Instinkt das Gängelband dar, mit dem das Insekt geleitet wird. Der Instinkt ist das Gegenteil der Intelligenz; der Instinkt ist die Intelligenz des Schöpfers. Das Insekt kann dem Instinkt gar nicht entfliehen, es ist in ihn eingemauert wie in ein Gefängnis. Das Insekt besitzt keine Vernunft, im günstigsten Falle eine Art von Unterscheidungsvermögen, ein Urteil darüber, ob die vom Instinkt geforderte Situation, das Arrangement, eingetreten sei oder nicht. Das Werk Fabres ist eine unendliche Kette von Beispielen, minutiösester Beobachtungen, die alle derselben Absicht dienen. Woher kommt im Leben des Insekts diese Verkettung von Verhalten und Erfolg, die man als Instinkt bezeichnet? Nur zwei Antworten sind möglich. Entweder ist der Instinkt ein Ergebnis des Zufalls, oder dann ist er die Gabe einer höheren Intelligenz. Fabre zögert nicht.

Der Instinkt ist die Intelligenz des Schöpfers. Sie bringt die Ordnung, die Harmonie in die Natur, die prästabilierte, wie für Leibniz, wie für Einstein, war Fabre unausweichlich, eine Evidenz. Im geheimnisvollen Verhalten der Insekten, die er beobachtete, entzifferte er die Botschaft Gottes. Sein Forscherwerk war ein Gotteswerk, das er mit nimmermüder Begeisterung, mit unerschütterlicher Geduld erfüllte. Er, der Forscher, der Gelehrte, lebte inmitten seiner Insekten in Gott. Je genauer, je unbestechlicher seine Beobachtungen waren, um so mehr wurden sie zum Zeugnis des Schöpfers.

Als alles vorüber war, das will sagen, als die zehn Bände seiner ,Souvenirs entomologiques' seit drei Jahren vollendet waren, im Jahre 1910, siebenundachtzigjährig, antwortete Fabre dem Schriftsteller Jean Richepin, der den Gelehrten fragte, ob er wirklich an Gott glaube:

«Ich glaube nicht an Gott: ich sehe ihn.»

XIV

IMMER WIEDER begegnet der Schriftsteller Leuten, die
die Vorstellung haben, beim Beginn eines Buches sei alles klar. Es ist ungefähr so klar wie vor dem Beginn einer
Schlacht. Wie über den ungeschlagenen Schlachten
waltet über den ungeschriebenen Büchern die Unge-
wißheit. Natürlich kann der Schriftsteller, wie der Feldherr, einen Plan ausarbeiten, Hilfsvölker bereitstellen,
Zeittabellen austüfteln, Abmachungen mit dem Verleger treffen, die Finanzierung sicherstellen wie der Feldherr den Nachschub – ungeachtet solcher Maßregeln
kommt unfehlbar der Augenblick, wo er trotz all der
vorbereitenden oder aufschiebenden Maßnahmen vor
dem weißen Papier sitzt wie der Feldherr vor dem Niemandsland. Da ist wohl sein größter Gegner, die Verlockung, nichts zu tun, ähnlich wie es ja gewisse Feld-
herren gab, die auch nichts unternahmen und vorga-
ben, sie seien noch immer nicht genügend vorbereitet,
um das Treffen zu wagen. Vorbereitungen treffen, Studien treiben ist immer ein wenig verdächtig. Es erinnert
an das lange und sorgfältige Einsalben des Wasser-
scheuen mit Sonnencreme. Die schönsten Siege sind
jene, die mit durchlöcherten Schuhen, ausbleibendem
Nachschub, aus einem einfachen Spaziergang heraus
errungen werden.

Mit dem «Riedland» ging es langsam, langsam vorwärts; ein, zwei, drei Sätze an diesem Tag, ein Abschnitt
am übernächsten und dann wieder eine Zeitlang nichts.
In jeder literarischen Arbeit gibt es einen ganz bestimmten Punkt, von welchem an man hoffen darf, sie zu be-

endigen. Er ist jenem Punkt auf den Flugrouten gleich-
zustellen, wo im Falle einer Störung die Rettung nicht
in der Umkehr, sondern vorwärts, im Weiterfluge,
liegt.

Oder, auf das literarische Werk angewendet, der Tag,
wo das bereits Geschriebene, Angerissene durch das,
was wir ihm aufgeladen haben, so viel Eigengewicht erhalten hat, daß es scheinbar ohne unser Dazutun seinem
Ende entgegenstürzt. Oder so: wo es bereits so viel Ei-
genheit, Eigensinn, Eigenschaft, so viel Eigenes, von uns
Losgelöstes geworden ist, so viel Wesen oder Wesenheit,
daß unsere Verantwortung ihm gegenüber so zwingend
wird, daß wir gar nicht mehr anders können, als es beenden. Das will nicht sagen, es sei leichter geworden, im
Gegenteil: an Stelle des gefaßten Planes, an Stelle der
schönen Schlachtordnung besteht nun ein Chaos, das
Getümmel. Feige wäre es vom Schriftsteller, nun alles
aufzugeben, Ordnung muß nun geschaffen werden, so
oder so. So: indem er alles Begonnene radikal vernichtet
und die blanke Ordnung des Nichts herstellt, oder so:
indem er den Strauß zu Ende ficht, damit es wieder ruhig und friedlich werde.

Weder das eine noch das andere war mein Verhalten
bei der Niederschrift des «Riedland». Es war kein
Kampf zu nennen, es zog sich so hin. Nichts hatte sein
Inhalt mit der Welt und dem Werke Fabres zu tun, und
dennoch: ohne die Begegnung mit ihm hätte ich das
Buch wahrscheinlich nicht schreiben können. Wie soll
man diesen Einfluß nur bezeichnen? Induktion ist vielleicht das richtige Wort. Es wurde ein Stromkreis erregt. Eine besondere Art des Erlebens. Und sie knisterte
durch die Landschaft am oberen Zürichsee, so wie die

elektrische Freiluftanlage, die dort zwischen Grynau und Uznach stand, wie die Stromleitungen, die wie schwere Netze sich über die Ebene hinzogen, an gewissen Tagen knistern mochten.

Ohne Absicht, ohne Plan kam etwas in meine Art des Schreibens hinein, das ich mit dem Ausdruck der Verlangsamung bezeichnen möchte. Das ist ja die Art Fabres zu schreiben; er verweilt, er hat Zeit, er kommt auf etwas, das er geschrieben hat, nochmals zurück, allerdings eine Spirale höher, aber nie wird er müde, nie erlahmt seine Schreiblust – seine Geduld ist unerschöpflich. Eine riesige Anstrengung für ein ganz winziges Resultat? Ja, das ist es, so entstehen die großen Leistungen. Seine ganze Art zu schreiben mutet heute wie ein Protest an.

In jenem fünften Bande der Souvenirs, der in die Sonne der Provence getaucht ist, und dessen Blätter einem der Mistral zwischen den Händen zu wenden scheint, widmet Fabre ein Kapitel dem Gesang der Zikade. Nachdem er die Instrumente beschrieben hat, mit denen das Insekt seinen Gesang erzeugt, kommt er selbstverständlich auf die Frage, warum eigentlich die Grille zirpe. Die Antwort, das sei der Ruf des Männchens, der Sang des Verliebten, liegt zuvorderst. Es scheint eine der Wahrheiten zu sein, die sich ehrwürdig durch die Jahrhunderte hindurch erhalten. Fabre bezweifelt sie. Jeden Sommer, während zweier Monate, schreien sie, manchmal zu seiner Verzweiflung, in den Platanen des ‚Harmas‘. Man muß die Fenster schließen, will man miteinander reden. Aber der Gesang des Männchens bleibt ohne irgendwelchen Einfluß auf das Weibchen; sie sitzen, beide Geschlechter, kunterbunt nebeneinander, reihenweise, auf dem Ast der Platane, die Saugrüssel in die Rinde des Baumes gebohrt, und während dieser Zeit zirpen sie. Die bebalzten Weibchen hätten also, da sie neben ihren Männchen sitzen, keinen langen Weg, um zu ihm, dem Herrlichsten von allen, zu gelangen. Doch sie tun nichts dergleichen. Fabre vermutet sogar, er kann es nicht beweisen, die Grillen seien taub. Aus dem Dorf läßt er die Büchsen kommen, mit denen am Feste des Schutzheiligen die Kanonenschläge ausgelöst werden. Zwei werden unter den Platanen aufgestellt; Fabre und sechs Mitglieder der Familie übernehmen die Beobachtung, zählen die zirpenden Grillen. Dann werden die Kanonenkläpfe ausgelöst. «Noch kein Politiker bei seinem Besuch wurde mit so viel Pulver geehrt.» Die Zeugen sind sich alle einig: die furchtbaren Böller beeinflußten den Gesang der Grillen in keiner Weise, keine setzt aus, der Rhythmus und die Stärke des Tones bleiben sich gleich. Die Grille hat ein sehr gutes Auge: sobald sie den Menschen sieht, stellt sie ihr Zirpen ein; auf Töne reagiert sie nicht. Ist sie taub? Schwerhörig auf jeden Fall, konstatiert Fabre.

«Wenn auf den Steinen eines Fußweges die Blauflüglige Grille sich wonnig in der Sonne räkelt und mit ihren dicken Hinterschenkeln über die rauhen Ränder der Flügeldecken hinstreicht, wenn der Laubfrosch, der auch so eine belegte Stimme hat wie die Grille, im Gebüsch sitzt und seine Kehle aufbläht, daß sie, besonders wenn ein Gewitter im Anzug ist, zu einer tönenden Blase wird, rufen die beiden dann nach der fernen Gefährtin? Keinesfalls. Die feinen Geigentöne der Grille, der Gruß der heiseren Kehlstöße des Laubfrosches verhallen ungenützt, ungehört, die Begehrte kommt nicht.

Bedarf das Insekt dieser tönenden Ergüsse, dieser geschwätzigen Bekenntnisse, um seinen Gefühlen Ausdruck zu verleihen? Erkundigen wir uns doch bei der unendlichen Mehrheit derer, die bei der Paarung stumm bleiben. In der Geige der Heuschrecke, dem Dudelsack des Laubfrosches, den Zimbeln der Zikade erkenne ich nur ein Instrument, um der Lebensfreude Ausdruck zu verleihen, der allgemeinen Freude, die jedes Wesen auf seine besondere Art verkündet.»

La joie de vivre! Die Lebensfreude! Das Lebensgefühl, was für vertraute Töne waren mir das! Hatte ich bescheidenes Tierchen in der Arche der Literatur nicht auch einmal die Worte verwendet «In der Freude schreiben»? Es konnte ja dies alles, was ich tat und versuchte, nichts anderes sein als dem Lebensgefühl, der Lebensfreude Ausdruck zu verleihen. Weder wollten wir, die wir solches unternahmen, eine Geliebte anlokken, noch den Reichtum. Wie konnte ich die Künstler, die Maler, die Bildhauer, die Musiker verstehen. Keine Philosophen waren sie, keine These wollten sie verkünden – eine Botschaft hatten sie nur alle, die Verkündigung der Herrlichkeit des Lebens, wie die kleine Cicada plebeia, Lin., eine im Chore von Hunderten, die im Garten des ,Harmas' zirpten, dieweil ihr Homer vor seinem schnupftuchgroßen Tischchen saß und auf seine Weise das Wunder der Schöpfung pries.

Manchmal, in guten Stunden, konnte ich die Stöße, die Impulse, geradezu körperlich spüren, die von den einfachen Worten Fabres ausgingen, diese Wirkung, die einer Induktion glich: es war ein Einatmen, ein Genießen des einfachen Da-seins, in jener Verlangsamung, in

176

jener Geduld, die das Merkmal von J.-H. Fabres männlichem Werke sind.

In jener Zeit geschah es manchmal, daß ich in einer der Wirtschaften am Hottingerplatz Eduard Korrodi begegnete. Er kam herein, in seiner hastigen und beiläufigen Art, setzte sich irgendwohin, bestellte sein Getränk, zerquetschte eine halb gerauchte Zigarette und ging wieder davon. Für die jungen Schriftsteller war er eine Art von Pförtner; um seines Amtes willen war man im Umgang mit ihm nicht immer ganz aufrichtig.

Eines Abends, als ich eben dabei war, einen Cervelat zu verzehren, setzte er sich zu mir an den Tisch. «Sie sollten mir von Zeit zu Zeit etwas schicken», sagte er mir mit einem schrägen Blick auf meine Mahlzeit. Ich hätte nichts, antwortete ich wahrheitsgemäß, alles was mir in den Sinn käme, gehöre der Geschichte, die ich schreibe. Hatte er es vernommen oder nicht? Schon war er wieder verschwunden.

Aber tatsächlich konnte ich hernach in dieser häßlichen Umgebung, auf dem halb abgeräumten Wirtshaustisch, eine Seite schreiben, die der Feuilletonredaktor unverhältnismäßig hoch honorierte.

«Die bescheidenste unter den menschlichen Tugenden», war da unter anderem zu lesen, «ist die Geduld. Die Nächstenliebe, die Treue, die Großmut sind prunkvolle Tugenden. Mit ihnen wagen wir es, unter die Augen des Ewigen zu treten, weil es uns gelang, uns von der übrigen Kreatur zu unterscheiden. Mit der Geduld aber fügen wir uns in den Kreis der übrigen kreatürlichen Welt wieder ein. In ihr sind wir eins mit ihr. Die Sünde an den prunkvollen Tugenden ist, daß wir der Natur gehorchen, die Sünde an der Geduld ist, daß wir

177

uns an ihr verfehlen ... Langsam steigt der Keimling aus
der Erde, behutsam wendet sich das Blatt zum Licht,
sachte entwickelt die Pflanze ihre Blüte, geduldig läßt
sie die Frucht reifen, erfüllt fällt sie zur Erde, und ohne
Aufhebens welkt sie, senkt sie sich und stirbt. Das Künstliche ist ihr fremd, nichts tut sie, schöner zu blühen,
schneller zu reifen, sie wartet, läßt mit sich geschehen,
was im Plane vorgesehen ist; sie will die Eile nicht, denn
alles, Keimen, Blühen, Reifen, Welken und auch das
Sterben, sind ihr köstliche Gegenwart, sie erwartet
nichts, sie ist, und damit soll es sein Bewenden haben.
Nicht tritt sie hervor aus dem Kreise der Schwestern
durch andere Schönheit, Besonderheit oder Eile in der
Erfüllung, nein, im Gegenteil, sie will Schritt halten mit
ihnen, sie will gleich sein wie sie, ein bescheidenes Attri-
but des Ganzen, und alles erdulden und erfüllen wie sie.
Die Geduld ist die Größe der Kleinen, ihr Stolz und
ihre Würde.»

Offenbar war dies in jenen Tagen mein Grillenge-
sang. Oft betrachtete ich, und ich tue es auch heute noch
immer, das Inhaltsverzeichnis der zehn Bände der ‚Souvenirs entomologiques‘. Es liest sich wie die Strophen
eines Heldengedichtes, das von ganz fremden Völkern
und Stämmen berichtet. Die griechische Mythologie
hat bei der Benennung dieser Tiere zu Gevatter gestanden, Vergil und Horaz wurden manche der bukolischen
Namen entlehnt. Durch die Französisierung haben sie
noch, ich weiß nicht was für eine Neigung zu Alexandri-
nern gewonnen, und wie manchmal konnte ich der geheimen närrischen Neigung nicht widerstehen, sie, diese
Namen des Inhaltsverzeichnisses, in der Reihenfolge
der Bände zu rezitieren. Wenn ich in diesen Blättern der

Verlockung nachgebe und die zehn Strophen niederschreibe, so kann ich damit allerdings noch einem In-
formationsbedürfnis dienen; die Aufzählung gibt eine
Übersicht über Fabres Lebenswerk: Die Strophen hören
sich so an:

*Le Scarabée sacré, le Cerceris, le Sphex, les Ammophiles, les
Bembex, les Chalicodomes.*

*L'Ammophile, le Ver gris, les Eumènes, les Odynères, les Four-
mis rousses, la Tarentule, les Pompiles, les Sitaris.*

*Les Scolies, la Larve de Cétoine, la Maçonne, les Anthrax, les
Leucopsis, les Tachytes, les Cérocomes, Mylabres et Zonitis, les
Osmies.*

*Le Pélopée, les Agénies, les Mégachiles, les Anthidies, les Ré-
siniers, l'Odynère, le Philante, Méthode des Ammophiles, des
Scolies et des Calicurgues, le Venin des Apiaires, le Capricorne,
le Sirex.*

*Le Scarabée sacré, les Gymnopleures, le Copris espagnol, les On-
tophages, les Géotrupes, la Cigale, la Mante, l'Empuse.*

*Le Sisyphe, le Copris lunaire, l'Onitis Bison, les Nécrophores, le
Dectique à front blanc, la Sauterelle verte, le Grillon, les Acri-
diens, la Processionnaire du Pin, la Chenille de l'Arbousier.*

*Le Scarite géant, le Larin, le Balanin, le Rhynchite, les Crio-
cères, les Clythres, la Phrygane, les Psychés, le Grand Paon.*

*Les Cétoines, la Bruche des pois, les Halictes, les Pucerons du
térébinthe, les Lucilies, les Sarcophages, la Guêpe, la Lycose de
Narbonne.*

*La Lycose de Narbonne, l'Araignée-Crabe, les Epeires, l'Arai-
gnée-labyrinthe, l'Araignée-Clotho, le Scorpion languedocien, la
Dorthésie, le Kermès de l'yeuse.*

Le Minotaure Typhée, le Cione, le Cossus, l'Onthophage tau-
reau, le Hanneton des Pins, le Charençon de l'iris des marais,
les Insectes végétariens, les Nains, le Carabe doré, la Mouche
bleue de la viande.

Die deutsche Übersetzung würde ungefähr so lauten
(ungefähr, denn für manche Insekten, die in der Provence vorkommen, gibt es keine deutsche Namen):

Der Heilige Pillendreher, die Knotenwespe, die Grabwespe,
die Sandwespe, die Kreiselwespe, die Mörtelbiene.

Die Erdraupe, die Lehmwespe, die Mauerwespe, die roten
Waldameisen, die Tarantel, die Wegwespe, der Bienenkäfer.

Die Dolchwespe, die Rosenkäferlarve, die Schmarotzerfliege,
die Erzwespe, der Federbuschkäfer, die Reiskäfer, die Mauer-
biene.

Die Blattschneidebiene, die Wollbiene, die Harzschneidebienen,
der Bienenwolf, der Große Eichenbock, die Holzwespe.

Der Gymnopleurus, der Mondhornkäfer, der Kotkäfer, der
Mistkäfer, die Singzikade, die Gottesanbeterin.

Der Totengräber, der Weißstirnige Warzenbeißer, das Grüne
Heupferd, die Grille, die Feldheuschrecken, die Prozessionsraupe.

Der Fingerkäfer, der Nußbohrer, der Trichterwickler, das Li-
lienhähnchen, der Sägekäfer, die Köcherfliege, der Sackträger,
das Große Nachtpfauenauge.

Der Rosenkäfer, der Erbsenkäfer, die Furchenbiene, die Blatt-
läuse des Perückenbaumes, die Goldfliege, die Fleischfliege, die
Wespe, die Narbonne-Spinne.

Die Krabbenspinne, die Kreuzspinnen, die Labyrinthspinne,
die Clotho-Spinne, der Skorpion des Languedoc, die Schildlaus
der Grüneiche.

Der Stierkäfer (Dreihorn), der Weidenbohrer, der Stierkotkä-
fer, der Walker, der Schwertlilienrüßler, die pflanzenfressen-
den Insekten, die Zwerge, der Goldlaufkäfer, die Blaue Fleisch-
fliege.

Man sieht sogleich, die deutsche Aufzählung gibt
keine sprachliche Nebenwirkung her, keine Ausblicke
in das Heroische, Fremdartige und Romantische, das so
gut zu Fabre paßt. Le Cerceris, Le Sphex, l'Ammophile, – für uns sind es Wespen, die Knotenwespe, die
Sandwespe, die Kreiselwespe, – mit ihren deutschen
Namen läßt sich nicht prunken, kein Spiel treiben;
es bilden sich keine Strophen, die man rezitieren
kann.

Fabre war sich der mystisch-mythologischen Bedeutung der Namengebung durchaus bewußt. In seinem
letzten Band der Souvenirs, im Kapitel über den Minotaure Typhée (Minotaurus Typhaeus, Lin.), den Stierkäfer oder das Dreihorn, spricht er von diesen Zusam-
menhängen.

«Um das Insekt zu bezeichnen, von dem in diesem
Kapitel gesprochen wird, verbindet die wissenschaftliche Nomenklatur zwei furchtbare Namen: jenen des
Minotaurus, des Stiers des Minos, der sich in den Grüf-
ten des Labyrinths von Kreta von Menschenfleisch
ernährte, und den Namen von Typhaeus, einem der
Riesen aus dem Geschlecht der Erdenbewohner, der es
wagte, den Himmel zu erklettern. Unter dem Schutze
des Garnknäuels, den ihm Ariadne, die Tochter des Minos, geschenkt hatte, kam der Athener Theseus zum Minotaurus, tötete ihn, kehrte heil und gerettet zurück und
hatte sein Vaterland für immer von dem entsetzlichen

Tribut befreit, den das Ungeheuer für seine Nahrung forderte ...

Es mißfällt mir nicht, in der Geschichte der Tiere eine Erinnerung an die alten Sagen wiederzufinden. Hellklingend, wohlgefällig dem Ohr, widersprechen diese mythologischen Bezeichnungen der Wirklichkeit nicht, ein Fehler, der den anhand von Lexika ausgeklügelten Namen oft anhaftet. Wenn unbestimmte Analogien das Fabelhafte und das Geschichtliche miteinander verknüpfen, dann sind die Namen gut gewählt. Das ist beim Minotaurus Typhaeus der Fall.»

Aber es ist auffällig, wie solche Betrachtungen Fabre auch gerne immer wieder auf die Ursprünge, auf die Grundlagen seiner eigenen Tätigkeit zurückführen, auf seine Fabel, auf seinen eigenen Mythos.

«Dies ist das Insekt, das zu studieren ich mir heute vorgenommen habe, indem ich versuche, mir über seine geheimsten Taten Klarheit zu verschaffen ... Aber wozu diese Geschichte, wozu diese genauen Untersuchungen? Das alles, ich weiß es wohl, macht den Pfeffer nicht billiger, bringt keinen Gewinn auf den Fässern von verfaultem Sauerkraut und was solch wichtiger Ereignisse mehr sein mögen, um deretwillen Flotten ausgerüstet und Leute aufeinander gehetzt werden, die grimmig entschlossen sind, sich gegenseitig umzubringen. Das Insekt ist nicht ehrgeizig. Es begnügt sich damit, uns das Leben in der unversiegbaren Vielfalt seiner Äußerungen zu zeigen; es hilft uns, das unter allen dunkelste Buch ein wenig zu entziffern, nämlich jenes über uns selbst.

Leicht zu bekommen, ohne große Kosten zu unterhalten, eine organische Untersuchung ohne Abscheulichkeiten ermöglichend, eignet sich das Insekt viel besser zur Forschung als die höheren Tiere. Diese sind uns schon so benachbart, daß es uns vorkommt, sie wiederholten nur ein ziemlich eintöniges Thema. Das Insekt hingegen besitzt einen unerhörten Reichtum an Instinkten, an Sitten und Gestaltung, enthüllt uns eine so neue Welt, daß es uns ist, wir pflögen Zwiesprache mit den Bewohnern eines anderen Planeten. Das ist die Ursache, warum ich das Insekt so hoch schätze, und warum ich nie müde werde, immer von neuem eine Verbindung mit ihm zu suchen.»

Allmählich verwandelte sich Fabres Wohnsitz in Sérignan, der ‚Harmas‘, in eine regelrechte wissenschaftliche Station zur Erforschung der Insekten, mit einem Laboratorium voller Glas- und Drahtglocken, Versuchsanordnungen und Apparaturen innerhalb und außerhalb des Hauses, Terrarien von jeder Art und Größe, einer Unmenge von Versuchskäfigen, Glasröhrchen, blechernen Behältern und Kartonschachteln, in denen die Chrysaliden ihrer Auferstehung und ihrer Bestimmung entgegenschlummerten. Letzteres ist wörtlich zu nehmen, weil der Kokon allein selten genügt, um ein Insekt zu bestimmen; man muß warten, bis sich die Metamorphose vollzogen hat und das Tier ausschlüpft. Fabre lebte so zurückgezogen, daß es selbst im Dorf ein Ereignis war, wenn er auftauchte. Niemandes bedurfte er an Menschen als seiner Familie, der tatkräftigen jungen Frau und der neuen Kinder aus dieser Ehe, die bald seine Mitarbeiter werden sollten, die ihn ablösten, wenn es galt, eine Beobachtung fortzusetzen, die später seine Augen ersetzten, als diese zu dunkeln begannen. Favier, der Krimkrieger, starb; an seine Stelle trat Marius Guigue, ein ehemaliger Schreiner, mit zwanzig Jahren erblindet. Er wurde des Gelehrten engster Mitarbeiter; er verfertigte die Apparate, die Käfige, half ihm beim Graben. Marius, der Blinde, hängt so an Fabre, lebt mit ihm in solch steter Verbindung, daß er alle Gedanken, alle Absichten, alle Probleme des Forschers unmittelbar erlebt, in einer inneren Schau. Marius besitzt ein außerordentliches Gehör; in der Blechmusik von Sérignan bedient er die Pauke und die Zimbeln. Sein Brot verdient er sich durch die Herstellung von Strohsesseln.

Die einzigen Menschen des Dorfes Sérignan, mit denen Fabre Beziehungen pflog, das war jeweils der Lehrer. Man kann es ihm nachfühlen, er wußte, wie hart das Brot war, das sie aßen. Er hatte es Jahrzehnte hindurch geschmeckt. Mit Louis Charasse, eben dem Lehrer von Sérignan (er starb 1892), und mit Marius hat Fabre sich photographieren lassen. Mit diesen einfachen Menschen pflog er den Gedankenaustausch, wie er ihn brauchte, ungekünstelt und einfach. Ihnen liest er vorweg die Kapitel, die er am Vormittag geschrieben hat, ihnen berichtet er von seinen Entdeckungen, sie fragt er auch um ihre Meinung, um ihren Ratschlag. Sie sind seine Akademie. «L'Académie de Sérignan», hat er eigenhändig unter die Photographie geschrieben. Jeden Donnerstag, jeden Sonntagnachmittag stellen sie sich pünktlich ein, und wenn ich heute, aus unserer Zeit heraus, auf diese stillen namenlosen, ereignislosen Nachmittage im ‚Harmas‘ zurückblicke, die in stillen, klugen Gesprächen unter diesem provenzalischen Himmel dahinglitten, Friede ringsum, keine Drohung, keine Angst, wenn ich die von Fabre so geliebten Wespen in den Centaureen summen höre, die drei Männer sehe, die

die Achtung und der bon sens miteinander verband – es preßt mir das Herz zusammen über all dem, was wir verloren, vertan haben.

In den Souvenirs ist uns ein Denkmal geblieben. Wer sie liest, spürt bald, ihr Verfasser war ein Poet. Fabre, obwohl der romantischen Epoche entsprossen, verschmähte in seinem wissenschaftlichen Werk jede Sentimentalität. Weder Philosophie noch poetische Symbolik suchte er seinem Leser zu geben. In seiner schlichten Darstellungsweise, die jedoch des Lesers Wachheit, seinen Ernst und seine Intelligenz voll beansprucht, strebt er eine ruhige erzählerische Gelassenheit an. Sein Stil läßt sich vom Inhalt gar nicht trennen, er ist nach klassischem Vorbild geprägt, lateinisch, mediterran, männlich; nie verläßt der Schriftsteller Fabre den sicheren Boden der Natur.

Manchmal ist es, als sei man dabei gewesen, an so einem Donnerstag- oder Sonntagnachmittag, wenn Fabre eines seiner Kapitel den Freunden vorlas. Es sind Worte der Freundschaft von besonderer Art, des Vertrauens, der Einladung auch an den fernen unbekannten Leser; etwas Brüderliches klingt hindurch.

In der Studie über die Grille, Band VI:

«Ich kenne keinen anmutigeren, durchsichtigeren Insektengesang in der tiefen Stille der Augustnacht. Wie manchmal, per amica silentia lunae, habe ich mich im Schutze eines Rosmarinbusches auf die bloße Erde gelegt, um der wunderbaren Nachtmusik des ‚Harmas‘ zu lauschen!

Die nächtliche Grille ist überall im Garten, jeder Busch Heideröschen, jeder Lavendelzweig beherbergt seinen Sänger; in den Terebinthen sitzen ganze Orchester. Und mit ihren artigen feinen Stimmen pflegen sie Zwiesprache miteinander, von einem Gebüsch zum andern, oder besser gesagt, es gibt sich ein jeder, unbekümmert um den Gesang des anderen, seiner eigenen Fröhlichkeit hin.

Da oben, gerade über mir, reckt das Sternbild des Schwans sein großes Kreuz in die Milchstraße hinein, – da unten, um mich herum, wogt die Symphonie der Insekten. Über dem Jubel der Winzigen vergesse ich das hehre Schauspiel der Gestirne. Nichts wissen wir von diesen himmlischen Augen, die still und kalt auf uns herniederblicken, flimmernd, als zwinkerten sie sich zu. Die Wissenschaft erzählt uns von ihren Entfernungen, ihren Geschwindigkeiten, ihren Massen, ihrer Größe; sie überwältigt uns mit den ungeheuren Zahlen, sie erregt mit den Unendlichkeiten unser höchstes Erstaunen, aber sie bringt keine Fiber in uns zum Erzittern. Warum? Weil ihr das große Geheimnis fehlt, das Leben. Was hat es da oben? Was erwärmen diese Sonnen? Welten, ähnlich der unseren, behauptet die Vernunft, Erden, auf denen endlos das Leben sich abwandelt. Eine herrliche Auffassung des Universums, aber eine bloße Auffassung, die sich auf keinerlei Tatsachen, auf keine Zeugnisse, die alle verstehen, stützt ...

In eurer Gesellschaft jedoch, o ihr meine kleinen Grillen, spüre ich den Schauer des Lebens, die Seele unserer Erdscholle, und deshalb, auf der Erde liegend, an der Rosmarinhecke, blicke ich nur beiläufig zum Sternbild des Schwans empor, meine ganze Aufmerksamkeit gilt eurer Serenade. Ein Klümpchen Eiweiß, der Freude und des Schmerzes fähig, ist doch viel interessanter als die ganze ungeheure Masse toten Stoffes ...»

186

Ziemlich genau um die Jahrhundertwende herum schrieb er diese Sätze, er ist nun siebenundsiebzig Jahre alt, aber wie frisch, wie neugierig noch! Er bedarf nun manchmal seiner kleinen Kinder auf seinen Exkursionen; sie haben bessere Augen, flinkere Beine, sicherere Hände. Wie unprofessoral erzählt er die Heuschreckenjagd mit dem kleinen Paul, mit Marie-Pauline. Man sieht sie dasitzen, den Dorfschulmeister von Sérignan, Louis Charasse, mit seinem weißen Spitzbärtchen und so ordentlich gekleidet, und Marius, ein bißchen feist, die Schenkel geöffnet, zurückgelehnt, mit seinem Schnurrbart à la gauloise, das schwarze Filzhütchen auf dem Kopf, und den toten Augen. Es ist ein Sonntagnachmittag, einer jener Nachmittage, an denen der Zirkel sich versammelt im Schatten der Platanen des ‚Harmas‘, in dem die Akademie von Sérignan ihr Colloquium abhält. Wieviel besser würde man manchen Schriftsteller verstehen, wenn man das Gesicht, die Gesichter, die wirklichen oder gedachten, sehen könnte, an die er sich wendet während seines Geschäftes. Der ganze Fabre, sein ganzes Lebenswerk wird offenbar, sobald man den Landschulmeister und den blinden Schreiner sieht.

«Morgen, bevor es zu heiß wird, seid bereit, ihr Kinder, da geht es auf die Heuschreckenjagd. Obgleich es Zeit zum Schlafengehen ist, gerät ob dieser Ankündigung der ganze Haushalt in Bewegung. Was sehen sie wohl im Traume, meine kleinen Mitarbeiter? Blaue und rote Flügel, die sich auffächern, lange gezähnte Beine, hellblau oder rosenrot gefärbt, die in unseren Händen strampeln; die dicken Baßgeigen der Hinterbeine, die Federn, die das Insekt gleich dem Geschoß eines Kata-

187

pults, von unsichtbaren Zwergen bedient, in den Rasen hinausschießen?

Was sie in der lieblichen Laterna magica ihres Schlafes sehen, davon träume auch ich. An diesen Grenzen des Seins sind wir alle von der gleichen Naivität.

Wenn es ein friedliches Waidwerk gibt, gefahrlos und ohne üble Folgen, gleicherweise für das hohe Alter wie für die frühe Jugend geeignet, so ist dies sicher die Jagd auf die Heuschrecke. Welch wonnige Morgenstunden verdanken wir ihr! Was für eine gute Zeit war das, die Brombeeren waren schwarz, und meine kleinen Gehilfen hielten in ihren Büschen eine kleine Nachlese. Wie unvergeßlich blieben diese Ausflüge an die Hänge mit den mageren Matten, die Erde war hart, von der Sonne verbrannt, rostrot. Ich bewahre daran, und meine Kinder werden es auch tun, eine unverlöschbare Erinnerung.

Petit-Paul hat geschmeidige Kniekehlen, eine flinke Hand, einen scharfen Blick. Er untersucht die Büsche der Immortellen, in denen der Truxal mit seinem zuckerhutähnlichen Kopf meditiert; er durchforscht das Gestrüpp, dem plötzlich, mit dem Schwung eines aufgescheuchten Vogels, die dicke, graue Heuschrecke entfleucht. Groß ist die Enttäuschung des kleinen Jägers, der, nachdem er dem Wild nachgerannt war, verblüfft innehält und ihm nachblickt, wie es in der Ferne verschwindet, einer Lerche gleich. Ein anderes Mal hat er mehr Glück, und wir kehren nicht ohne einige Exemplare der prächtigen Beutetiere zurück.

Kleiner und jünger als ihr Bruder, hält sich Marie-Pauline geduldig an die Italienische Heuschrecke, mit ihren rosenroten Flügeln und den karminroten Hinter-

188

füßen; ihre Vorliebe gilt allerdings einem anderen Hüpfer, jenem, der von allen das eleganteste Kleid trägt. Unten am Rücken ziert sich dieser Günstling mit einem Andreaskreuz, aus vier weißen schrägen Balken gebildet. Seine Bekleidung, einer Livree gleich, ist mit graugrünen Schildchen belegt, deren Farbe an die Patina alter Münzen gemahnt. Das Händchen erhoben, zum Zuschlagen bereit, nähert sich das kleine Mädchen, ganz langsam, gebückt. Päng, gefangen! Nun schnell eine Tüte, den Fang aufzunehmen, der kopfüber im Trichter verschwindet.

So füllen sich eine nach der anderen die Tüten, bevölkern sich die Schachteln. Noch bevor die Hitze unerträglich wird, besitzen wir schon eine große Auswahl der verschiedensten Arten, die, in unserer Volière großgezogen, uns eine ganze Menge von Dingen lehren werden, wenn wir sie nur richtig zu befragen wissen. Wir kehren nach Hause zurück. Ohne große Kosten wurden durch die Heuschrecke drei Leute glücklich gemacht.»

Das ist nur die Einleitung, der Prolog, zu diesem Kapitel. Welches ist wohl die Rolle der Heupferde auf den Feldern, fragt er, und ganz langsam über die Singvögel, die Fische, die Truthühner und das übrige Geflügel, denen die Heuschrecken Nahrung sind, steigt er zu den Menschen auf. Er zitiert einen arabischen Autor, der behauptet, die Heuschrecken seien eine gute Nahrung, nicht nur für die Kamele, sondern auch für die Menschen ...

Wenn man sich so lange und mit so viel Liebe mit einem Gegenstand, mit einem Menschen beschäftigt hat, wie ich mit J.-H. Fabre, dann geschieht etwas, das ich am liebsten mit dem Vorgang an einem Flugzeug vergleichen möchte. Zuerst steht es da, gewaltig, groß, aber schwer vor allem, wie aus Beton und auf Beton geschmiedet. Sobald aber die Propeller, die silbernen Schrauben, zu blitzen beginnen, durchzittert das Ganze ein seltsamer Strom, die schmiedeisernen Klammern der Erdenschwere scheinen sich zu lockern, bis in die äußersten Enden hinaus verliert jeder Gegenstand irgend etwas, und Schweben und Fliegen scheint nicht mehr so ganz unmöglich.

Genau so ergeht es mir. Ich sehe den Lehrer Charasse und den blinden Marius, da Fabre – selber schon ein bißchen spinnig oder heuschreckenähnlich geworden in seinem Alter – auf die Möglichkeit zu sprechen kommt, die Heuschrecke sei sogar des Menschen Speise. Wir sind in der Provence, nicht sehr weit von Marseille entfernt, wo die berühmten Geschichten von Marius und Olivier herstammen. Mi-figue, mi-raisin, man weiß nicht mehr, ist es Ernst oder Scherz, fährt dann Fabre vor den sicherlich ebensosehr verblüfften wie zum Lachen bereiten Kollegen seiner Akademie weiter mit dem Zitat des arabischen Autors ...

«Meriem, die heilige Jungfrau Maria, hatte Gott um die Gunst einer blutlosen Nahrung gebeten, und der Herr sandte ihr die Heuschrecken.

Der Kalif Omar selbst, als man ihn fragte, ob der Genuß der Heuschrecken gestattet sei, antwortete: ‚Ich wollte, ich hätte einen Korb voll, davon zu speisen ...‘

Lange vor ihm gab es andere, die sich ihrer bedienten, doch eher aus weiser Genügsamkeit. Johannes der Täufer, in Kamelwolle gekleidet, Verkünder der Guten Nachricht und großer Aufrüttler des Volkes zu Herodes' Zeiten, lebte in der Wüste und ernährte sich von Heu-

schrecken und wildem Honig. Esca autem ejus erat lo-
custae et mel sylvestre, heißt es im Matthäus-Evange-
lium.

Den wilden Honig kenne ich, und sei es auch nur aus
den Nestern des Chalicodome [Mauerbiene]. Durchaus
genießbar. Bleibt die Heuschrecke. Als ganz junger
Knabe habe ich die Hinterschenkel des Insekts gekaut
und geschätzt. Der Geschmack ist nicht schlecht. Heute
wollen wir uns eine Stufe höher erheben; versuchen wir
die Speise des Kalifen Omar und des heiligen Jean-
Baptiste.»

Ich weiß es natürlich nicht und will es deshalb auch
nicht behaupten, aber in der Stimmung des von Auf-
strömungen erzitternden Flugzeuges, in der ich mich
befinde, in der Stimmung, wo Dichtung und Wahrheit
einander durchdringen, in jener Osmose, die alle
Schriftsteller kennen, in dieser Stimmung, möchte ich
meinen, sei es dem Schulmeister Louis Charasse und
dem blinden Faktotum Marius Guigue bei aller Bewunderung ein bißchen unbehaglich geworden ob der Lektüre, die Fabre zum besten gab. Sollte am Ende dieser
von seinen Insekten besessene kleine Teufel von einem
Forscher es sich noch einfallen lassen, bei ihnen, den
Mitgliedern der Akademie von Sérignan, ein Gutachten
über die Genußfähigkeit der Heuschrecken einzuholen,
mit anderen Worten sie, wenn das Kapitel zu Ende
wäre, zu einem Heuschreckenschmaus, mit einem Ban-
dol begossen, einzuladen?

«Ich fange viele dicke Heuschrecken», fährt Fabre
fort, «und ich brate sie leicht an, in Butter und Salz, wie
es der arabische Autor lehrt. Beim Abendessen wird die
sonderbare Friture verteilt, Große und Kleine bekom-

men ihren Teil. Die Mahlzeit des Kalifen erhält keine
schlechte Note. Sie steht über dem Gericht der Grillen,
das Aristoteles rühmte. Es schmeckt ein bißchen nach
Krebsen, hat einen Duft von gerösteten Krabben; wäre
nicht die lederzähe Umhüllung für das bißchen eßbaren
Inhalt, würde ich fast sagen, es schmecke gut, allerdings ohne damit den Wunsch nach einer Wiederholung
zu verbinden.»

XV

DER VERGLEICH mit dem Flugzeug, den ich vorhin
gebraucht habe, bei dem alles unter dem allmählichen
Verlust der Schwerkraft zu zittern und leichter zu werden beginnt – ich finde ihn nicht mehr gut. Es gibt ein
schöneres Bild. Das ist jener Augenblick, da der Wind
ein schlaffes Segel langsam zu blähen beginnt, und es
werden mit einem Male alle Gegenstände im Boote le-
bendig, mit Kräften, mit Spannungen geladen, das Ru-
der, die Taue, die Ösen, die Knoten, der Mast, was weiß
ich mehr, ich bin kein Segler.

Aber auf diese Weise begann nun auch mein kleines
Buch, das «Riedland», an allen Enden zu knarren, zu
reiben, zu schürfen und sich zu dehnen. Es ist der erre-
gende Augenblick, den jeder Schriftsteller kennt, wo etwas Eigenmächtiges, Zauberhaftes in die Feder hineinkommt, Zustände des Schreibens, denen verwandt, die
sie nannten «in Zungen reden». In meinem Büchlein
muß dieser Augenblick wohl etwa dort zu finden sein,
da Marie des Nachts auf der Straße von Uznach nach
Tuggen wandert, und ihr dabei die Worte kommen,
«Lieben und die Welt verstehen». Als dieses Mädchen
einen über den Weg gespannten Spinnfaden im Gehen
mit seiner Stirne zerriß, da war dies für den kleinen Roman recht eigentlich die Inauguration, die Freigabe
einer Straße, wie sie in öffentlichen Zeremonien und
Festlichkeiten mit dem Durchschneiden eines Bandes
versinnbildlicht wird. Etwas von diesem mondgespon-
nenen Faden sollte die ganze Erzählung hindurch an
der Schläfe Maries haften bleiben.

193

Wie immer im Zustande der Hoffnung, wenn etwas unterwegs ist, wurden von dieser Zeit an die Notizen kärglicher. Langsam tritt das Leben des Autors hinter der Arbeit zurück; Auskunft über das, was er in dieser Zeit war und was er trieb, gaben die beschriebenen Blättchen des Werkleins.

Immerhin muß ich einer Notiz aus jener Zeit gedenken. Es war mir wieder einmal geschehen, ganz unvermutet, ganz unvorbereitet; am besten, ich setze ohne Umschweife die Worte hin, wie ich sie in dem kleinen Oktavheftchen vorfand.

«Friede und Heiterkeit sind in mir eingekehrt. Der Besuch des Engels. Vollkommene innere Freiheit. Eines der wunderbarsten Dinge, die ich je in meinem Leben empfunden habe.»

Ob es das Riedland, ob es Jean-Henri Fabre war, dem ich diese Stunde zu verdanken hatte, ich weiß es nicht. In längeren oder kürzeren Abständen verteilen sich diese Besuche über mein Leben hin; dies war nun offenbar der dritte. Der erste hatte im Jahre 1925, während des Spaziergangs auf den Adlisberg stattgefunden, der zweite damals in Genf, als ich zum erstenmal etwas von Fabre las, und nun war der stille Besuch ein drittes Mal gekommen, in den Lesesaal der Museumsgesellschaft. Man kann nichts tun, damit er kommt. Es ist ein Geschenk, eine Gnade, die einem widerfährt. In einem solchen Augenblick fließen ungehindert alle Quellen des Lebensgefühls, man erlebt die Freude über die Welt; ich hatte dabei die deutliche Empfindung, man müsse, um dieses Erlebnisses teilhaftig zu werden, arm sein, und man müsse diese Armut hingenommen haben.

194

Anders auch als aus einem solchen Lebensgefühl heraus kann ich mir die zehn Bücher der ‚Souvenirs entomologiques' nicht geschrieben denken. In der Freude wurden sie geschrieben; genau so wie ich hätte meine Werke schreiben wollen.

Wenn man aber Fabres Gesicht betrachtet, so kann man darin, besonders auf das Alter hin, noch anderes wahrnehmen als Freude. In den Faltungen und Runen drückt sich das Antlitz eines Menschen aus, der Blicke in Welten und Systeme hinein getan hat, die anders sind als unsere. Je älter Fabre wurde, um so deutlicher prägte sich dieser Zug aus. Wer sich auch nur ein bißchen, wie ich, als Amateur, mit den Insekten und all den Fragen, die sich um sie herum erheben, abgegeben hat, kann dieses Gesicht Fabres verstehen.

An und für sich schon sind die Tiere geheimnisvoll. In den Säugetieren erkennen wir etwas Vormenschliches oder manchmal etwas wie mißlungen Menschliches. Es fällt uns gar nicht so schwer, sie zu individualisieren, und viele Tiere, die Haustiere namentlich, geben sich gerne zu diesem Spiel her.

Bei den Insekten gelingt so etwas nicht. Die Insekten haben keine Persönlichkeit; zu Tausenden gleicht ein jedes dieser Tiere einem anderen über Jahrtausende, vielleicht sogar Jahrmillionen hinweg. Sie haben keinen eigenen Willen, keine Intelligenz – in allem, was sie tun, werden sie wie elektronisch gelenkt. «Wir stecken in lauter Wunder», sagte Goethe zu Eckermann am 8. Oktober 1827, «und das letzte und beste ist uns verschlossen. Nehmen wir nur die Bienen. Wir sehen sie nach Honig fliegen, stundenweit, und zwar immer einmal in einer anderen Richtung. Jetzt fliegen sie wochenlang west-

195

lich, nach einem Felde von blühenden Rübsamen. Dann ebensolange nördlich nach blühender Heide. Dann wieder in einer anderen Richtung nach der Blüte des Buchweizens. Dann irgendwohin auf ein blühendes Kleefeld. Und endlich wieder in einer anderen Richtung nach blühenden Linden. Wer hat ihnen aber gesagt: jetzt fliegt dorthin, da gibt es etwas für euch! Und dann wieder dort, da gibt es etwas Neues! Und wer führt sie zurück nach ihrem Dorf und ihrer Zelle! Sie gehen wie an einem unsichtbaren Gängelband hierhin und dorthin; was es aber eigentlich sei, wissen wir nicht.»

Sie sind völlig anders gebaut als wir; im Körper haben sie kein Knochengerüst. Schon Saint-Hilaire sagte von ihnen, sie seien Wirbeltiere, die im Innern ihrer Wirbelsäule lebten. Starr, maskenhaft ist ihr Gesicht mit ihren bewegungslosen Fazettenaugen, sie haben sechs Beine; ihre Flügel und Flügeldecken lassen sich mit denen keines anderen Lebewesens vergleichen, auch mit denen der Vögel nicht. Ein ewiges Rätsel bildet der Vorgang ihrer Metamorphose; in drei verschiedenen Formen – ja, fünf oder sechs sogar, wie Fabre nachgewiesen hat – tritt das Individuum auf; aber sind es vielleicht doch nicht drei Individualitäten, drei Ich, die wir sehen?

Das große Geheimnis, in dessen Nähe der kleine Schullehrer von Avignon und Carpentras lebt, und das ihn nie mehr freilassen sollte, das, worum es eigentlich ging, ist der Instinkt des Tieres; es ist das «Gängelband» Goethes. «Der Instinkt ist das Werk einer göttlichen Intelligenz.» Sein ganzes Leben hindurch bleibt Fabre bei diesem Glauben; er vertieft ihn sozusagen bei jeder neuen beobachteten Tatsache. Es stellt geradezu die

196

Illustration des alten Axioms dar: «Ein wenig Wissen führt von Gott weg; viel Wissen führt zu ihm hin.»

Aber was für andere frappante Formeln findet Fabre für das, was der Instinkt ist. Schon im ersten Band der Souvenirs: «Ihre Handlungen sind wie eine Serie von Echos, von denen eines nach dem anderen in einer feststehenden Ordnung erklingt; wo aber das folgende nur antwortet, wenn das vorangehende angeklungen hat. Wenn das erste Echo stumm bleibt, geschieht nichts ...» Oder: «Was zu tun ist, ist alles; was getan wurde, gilt nichts mehr.» Wenn man sich in die Souvenirs versenkt, versteht man, auch wenn man kein Naturwissenschafter ist, die Faszination, die die Insekten immer auf gewisse Menschen ausübten. Für uns in der Schweiz braucht man sich nur an Sybille Merian, an die beiden Huber zu erinnern, den Ameisen-Huber und den Bienen-Huber, der blind war. Bekannt ist wahrscheinlich auch, wie Bergson in der «Evolution créatrice» versuchte, in der paläontologischen Entwicklung zwei Tendenzen, zwei Ströme wahrzunehmen, deren einer zur Intelligenz und deren anderer zum Instinkt führte, mit anderen Worten zum Stamm der Menschen und zum Stamm des Insekts.

Aber ich muß gestehen, was mich zu Fabre immer wieder hinzog, das waren nicht diese wissenschaftlichen Fragen, denen ich ja nur mit einer mangelhaften Vorbildung und ganz beschränktem Wissen gegenüberstand. Um was es mir ging, das war in erster Linie immer Fabres Persönlichkeit.

Ich will keine langen Umschweife machen. Immer hat es in unserer Menschheitsgeschichte Heilige gegeben, die den Umgang, die Gesellschaft des Tieres suchten, weil sich ihnen in diesen Kreaturen das Göttliche am unmittelbarsten, in der naivsten Weise offenbarte. Jean-Henri Fabre, in seinem ‚Harmas‘, sich über seine Insekten beugend, war für mich gleich einem Franz von Assisi, einem Thomas Morus. Ein zufälliges, ein gottverlassenes Universum war ihm undenkbar. Es ist für jeden Menschen immer ein großes Erlebnis, wenn er einem Gelehrten, einem Wissenden begegnet, der in seinen Kenntnissen, in seinem Voranschreiten in den Erkenntnissen weit über den Durchschnitt der Mitmenschen hinausgekommen ist, und man dann erfahren darf, in seinem Glauben sei er gleich den vielen braven und nicht gelehrten Menschen unseres täglichen Umgangs. Es ist dann, als habe sich ein Ring geschlossen.

Für die Art, wie der Forscher seine Insekten beobachtete, mit jener geduldigen, unbestechlichen Genauigkeit, gibt es in unserer Sprache kein besseres Wort als: Andacht.

Wenn Fabre den Vorgang des Auskriechens eines Insekts, die ungeheure Arbeit beschreibt, die die Kreatur, jede Kreatur, zu leisten hat, um ans Licht zu kommen, so sind seine Worte und Sätze nicht nur die exakten Beschreibungen eines Gelehrten; unter seiner Feder werden sie unversehens zu den Metaphern des Poeten, und manchmal zu den Sinnbildern des Ekstatikers. Wie viele Tausende von Malen, an welch unzähligen Arten und Individuen Fabre den Vorgang der Geburt mag beobachtet und beschrieben haben – für ihn bleibt er immer das Wunder. Alle die komplizierten, wunderbaren Organismen und Mechanismen, die er dabei entdeckt, das geheimnisvolle Spielen und Ineinanderspielen der Instinkte, der animalischen und botanischen Umwelt

198

und vor allem der Zeit, sie sind ihm absolutes, unwiderlegliches Zeugnis dafür: das kann niemals Zufall sein, es muß vorausbedacht, vorausgeplant sein, es bildet einen Teil der prästabilierten Harmonie der ganzen Natur, des Weltalls.

Diese Überzeugung verleiht seiner einfachen und manchmal so bieder anmutenden Prosa ihre Kraft und ihre Poesie. Die Genauigkeit, die unverdrossene Frage, bis die Antwort erfolgt, die richtige, immer gültige Antwort, die Pflege des Details, die unablässige Bemühung des Autors, alles ganz klar und durchsichtig darzustellen, schwitzt, möchte man sagen, wie ein Nebenprodukt, wie die Biene das Wachs, Poesie aus. Man darf nie vergessen, alle diese Bände der Souvenirs wurden unter den Himmeln der mittleren Provence geschrieben; der Mistral strich über die Blätter der Hefte hin, die herben Düfte der mediterranen Flora, des Erdbeerbaumes, der Terebinthe, der Zwergeiche, der Miere, der Zistrose, der Stechpalme, des Thymians, und der, der es schrieb, war ein glücklicher Mensch, was sagen will, er tat das, was er tun wollte und was er tun mußte. Er war mit sich selbst im reinen.

Nachdem Fabre in langen Seiten den wunderbaren Mechanismus beschrieben hat, den die winzige Waldwanze (Punaise des bois, Pentatoma nigricorne) gebraucht, um sich aus ihrem Ei zu befreien (eine Art Eizahn, in der Form eines T, mit dem das Tier die Hülle durchstößt; dann verliert es auch den ausgedienten Apparat), fragt der Forscher: «In welcher Schule doch, kleine Wanze, hast du die Herstellung deiner Geburtskammer gelernt und den Gebrauch deines Apparätchens? Es gibt welche, die sagen: ,Das ist die

Schule des Zufalls'. Du aber, Kleine, Demütige, hebst dein Köpfchen und antwortest: ‚Das ist nicht wahr.'»

Jedes Ausschlüpfen eines Insekts ist für Fabre ein Fest, handle es sich um Blaue Fleischfliegen, den Nußbohrer, die Grille, oder was immer da kreucht und fleucht. Die jungen Spinnen erklettern die Spitzen der Gebüsche, und da lassen sie einen Faden in die Lüfte, der sie mit sich fortträgt. «Schließlich sieht es aus wie das Schlußbukett eines Feuerwerks, einer Garbe von Raketen ... In der Sonne glitzernd, gleichen die kleinen gen Himmel fliegenden Spinnen den Funken eines lebendigen Feuerzaubers. Welch eine glorreiche Ausfahrt, welch ein Eintritt ins Leben! An seinen schwebenden Faden geheftet, erhebt sich das kleine Tierchen zur Apotheose ...»

Sind die einzelnen Individuen der Insekten einander vollständig gleich, sowohl in der Gestalt als auch in ihrem Verhalten, und dies, wie man aus den Versteinerungen schließen muß, seit Urzeiten, so überrascht jede Spezies, jede Unterart, durch eine neue Form ihres Werdens, Seins und Vergehens. Es soll Victor Hugo gewesen sein, der Fabre den Namen «Homer der Insekten» gegeben hat. Er ist ihm geblieben, mit Recht. Es gäbe noch einen anderen literarischen Vergleich, jenen mit Balzac, dessen «Comédie humaine» die «Comédie entomologique» Fabre zur Seite zu stellen wäre. Gewiß braucht es, um ein solches Werk zu schaffen, eine eigentliche Besessenheit, eine wahre Leidenschaft, aber es braucht dazu auch eine unbeirrbare Entschlossenheit, eine Verhaltenheit, ein Maßhalten, eine weise Verteilung der Kräfte, eine unendliche Geduld und das stille Wissen um die Berufung. Man trifft unter Künstlern

Besessenheit und Leidenschaft oft, und bis zu den Grenzen der Genialität. Die Begleiteigenschaften fehlen meistens. Die Behauptungen, Genie sei eine Neurose und ‚Genie ist Fleiß‘, scheinen mir beide ungenau. Aber dort, wo man von beiden etwas vereinigt findet, da darf man den Ausdruck ‚genial‘ wagen. Diese Konstellation trifft auf Fabre zu.

Er arbeitet in der Einsamkeit seines ‚Harmas‘, er kennt nichts anderes. «Mir ist die Biologie des Insektes zugefallen, ich weiß nicht einmal wie», schreibt er seinem Freunde Delacour. «Ich bin dabei und ich bleibe dabei, ich habe keine Zeit, nach etwas Besserem zu suchen. Das ist *mein Sandkorn*, mein Atom, im Ameisenhaufen der Menschen. Es gibt Stunden, da schelte ich mich selbst ob dieser Verschrobenheit, die zu allem hinführt, nur nicht zu dem: nämlich Geld zu verdienen, und mich vor dem Elend zu bewahren, das mich erwartet. Es ist stärker als ich: das Tier führt mich. Den ganzen Winter habe ich damit zugebracht, die Prozessionsraupe zum Sprechen zu bringen, und jetzt habe ich ein Stelldichein mit der Grille, dem Warzenbeißer und mit so vielen andern. Es endet nie. Selbst ein Methusalem käme damit nie zu Ende.»

Schon in diesem Brief aus dem Jahre 1896 – Fabre ist nun 73 Jahre alt – kündigt sich seine nur zu berechtigte Sorge um die Zukunft, um den Lebensabend an. Nach der Periode einer gewissen Wohlhabenheit, in den Jahren nach seiner Einrichtung im ‚Harmas‘, ging es, was die ökonomische Seite seines Lebens anbetrifft, langsam, doch unaufhaltsam wieder abwärts. Seine Schulbücher, einst in ganz Frankreich verwendet, kamen aus der Mode. Sie hatten ihrem Verfasser während Jahren ein anständiges Auskommen gesichert. Zuerst wurden diese guten Lehrmittel nachgeahmt, dann kamen neue, mehr der Zeit angepaßte; das Land befand sich mitten in einer antiklerikalen Epoche, ja Krise. Fabres Hinweise auf das Göttliche in der Natur, sein Spiritualismus, kamen vielen Schulinspektoren und vielen Kommissionen, von denen die Wahl der Lehrmittel abhing, veraltet, überholt, schädlich und unzeitgemäß vor. Der Absatz dieser Schulbücher ging Jahr für Jahr zurück; schließlich verschwanden die Titel aus dem Buchhandel. Von dem Werk, das unsterblich werden sollte, den ‚Souvenirs entomologiques‘, waren fünf Bände erschienen; sie verkauften sich schlecht. Das Werk blieb unbekannt, trotzdem Fabres Ruf bereits die Grenzen seines Vaterlandes überschritten hatte. Die berühmtesten Akademien und wissenschaftlichen Gesellschaften zählten ihn zu ihren Mitgliedern, er war auch korrespondierendes Mitglied des Institut de France, Inhaber zweier Preise, doch nie drang sein Name über den beschränkten Kreis der Fachleute hinaus. Aber auch jene, die ihn kannten und schätzten, ahnten die wahre Bedeutung des monumentalen Werkes noch nicht. Der eigenartige, fast biedermeierisch anmutende, so richtig die Bescheidenheit ihres Autors kennzeichnende Titel ‚Souvenirs entomologiques‘ und der Untertitel ‚Etudes‘, Studien, über den Instinkt und die Sitten der Insekten, ließen eher auf die Liebhabereien eines Dorflehrers schließen als auf das, was das Werk in Wirklichkeit war: eine breite, sichere und gesicherte Rodung in einem Dickicht der Ignoranz. Es war die erste Psychologie der Tiere, die der Einsiedler von Sérignan auf den Tisch der Menschheit legte. Die alle zwei oder drei Jahre erscheinenden Bände wurden von den Kennern verschlungen; Philosophen, Biologen, Dichter zählten die Bücher Fabres zu den Kostbarkeiten. Aber jenen, für die sie eigentlich geschrieben waren, der breiten Masse des Volkes, blieben diese Kostbarkeiten verschlossen; dabei war es buchstäblich so, daß jeder, der lesen konnte, vom Verfasser mitten in die wunderbarsten, die kompliziertesten Vorgänge des Insektenlebens hineingeführt wurde. Es gibt in dem gewaltigen Werk schlechthin keinen Satz, den nicht ein fünfzehnjähriger Schüler verstehen konnte; dabei bestand dieses Werk vor den Koryphäen der Wissenschaft. So wie Fabre es immer ablehnte, seine Tiere zu sezieren und das Mikroskop zu seinen Beobachtungen heranzuziehen, sondern sich immer nur einer einfachen Lupe bediente, durch die er das Insekt beobachtete, womöglich in der Freiheit, allerdings stunden-, tage-, wochenlang, so verzichtete er in seiner Darstellung auf jeden wissenschaftlichen Jargon. Weit davon entfernt nachzulassen, bekommen seine Bände gegen den Schluß hin einen Stil, eine Ruhe, eine Treffsicherheit, die sie bald zu den klassischen Stücken der französischen Sprache werden ließen, als die Prosa eines Meisters der französischen Literatur. Das große Werk war auch ein Sprachwunder. Der berühmte Dichter des Cyrano de Bergerac, Edmond Rostand, schrieb über sie: «Seine Bücher waren mein Entzücken während einer langen Rekonvaleszenz.» Was damals galt, gilt noch heute, Wort für Wort. Es steht jedem frei, es nachzuprüfen.

Fabre bereicherte die Menschheit, er selbst verarmte dabei. Wir haben diesen Vorgang schon so oft gesehen, daß er uns nicht mehr aufregt; im Gegenteil, wir finden ihn ganz in Ordnung. Das weiß man ja: die Idealisten müssen hungern, falls sie nicht von Haus aus einiges besitzen oder eine reiche Frau geehelicht haben.

Es gibt auch in der Wissenschaft Modeströmungen. In jener Zeit, von der hier die Rede ist, um die Jahrhundertwende herum, waren Lamarck, Darwin, war der Transformismus im Schwange. Fabre war Antitransformist. Die Wunder des Instinkts durch die Evolution zu erklären, lehnte er ab bis an sein Lebensende. Er habe keinen einzigen Beweis für diese Theorie gefunden. Er glaubte an die absolute Starrheit der Arten. Er glaubte an die eine prästabilierte Harmonie. Der Instinkt ist eingeboren, unveränderlich, unbewußt, transzendent. Von Anfang an sind die Arten fixiert. Sie sind keiner Veränderung fähig. Er glaubte nicht daran, daß die Welt mit verstandesmäßigen Mitteln zu erklären sei. Im Grunde genommen wollte er die Natur nicht erklären, sondern bewundern, mit wissenschaftlicher Akribie, als ein göttliches Werk, als einen Ausdruck des Göttlichen. Ich vermute, es sei gerade diese Haltung ein Grund für die ungeheure Wirkung, die dieses Werk erlangen sollte, später.

Man begann Fabre in seinem ‚Harmas‘ in Sérignan, am Fuße des Mont Ventoux, zu vergessen. Die Enzyklopädien erwähnten ihn nicht einmal. Selbst im Departement Vaucluse, in dem er über sechzig Jahre gewohnt hatte, wußte man nicht mehr, wer er war; in Avignon kannte man kaum noch seinen Namen.

Wer von uns hat es nicht im Laufe seines Lebens erfahren, wie die Zeit mit uns fertig wird? Zwar ist das ja ein beliebtes Motiv der Literatur, aber von der selben Faszination, von der selben urtümlichen Kraft, die den Schauer einer geheimnisvollen Ehrfurcht in uns verbrei-

tet, – wie die erlebte Wirklichkeit ist alles noch so gut und
geistreich Geschriebene nie. Da sehen wir die Kameraden der Jugend, die schönen Mädchen unserer Zeit, da
sehen wir die starken Männer, die mondänen Frauen
von Zeit zu Zeit wieder, in längeren oder kürzeren Abständen, und jedesmal tragen sie das Siegel dieser Zeit,
manche suchen es zu verbergen, andere bieten es ho-
heitsvoll zur Schau. Nachdenklich blicken wir schönen
jungen Menschen nach: sie haben Unendlichkeiten vor
sich, aber keine Ewigkeit.

Fabre, der Biologe, der Forscher, sieht es, weiß es, wie
seine Kräfte langsam nachlassen. Schwer und schwerer
schlurfen seine Schritte über den steinigen Boden des
‚Harmas‘, seines ‚Eden‘, wie er dieses Stück Erde genannt hat. Nicht um seinen Ruhm, nicht um seine Existenz ist ihm bange, nur darum: daß seine sinkenden
Kräfte ihm nicht mehr erlauben könnten, in der Forschung Trost und Vergessen zu finden. Er, der Beschei-
dene, konnte ja nicht ahnen, was für groteske Kapriolen
das Schicksal mit ihm noch vorhatte.

Immer schwerer wurde es dem alten Mann, für seine
Familie zu sorgen. Hätte er vom Institut de France nicht
jährlich die dreitausend Franken des Prix Gegner erhalten, er wäre sozusagen ohne Einkommen gewesen. Bei
seinem Verleger hatte er wohl noch einige Guthaben.
«Sie gehören nicht mir, sie gehören meinen Kindern»,
schrieb er in einem Brief, da er von dieser Summe einen
Teil abheben mußte, um seinen Lebensunterhalt zu bestreiten.

Er besaß eine einzigartige Kollektion von Aquarell-
bildern, auf denen, in natürlicher Größe, sämtliche Pilze
der Provence dargestellt waren. Sie waren sein eigenes

Werk, er hatte sie bestimmt, gezeichnet und gemalt, ein richtiges Prachtwerk.

Es mögen, in der Luftlinie gemessen, von Sérignan nach Maillane etwa 50, 60 Kilometer sein. In Maillane lebte, hochberühmt, ein Kind des Glücks, der Verfasser der «Mireille», der Erneuerer der provenzalischen Sprache, der langue d'oc, der Gründer der Félibres, Frédéric Mistral. Auf dem Forum von Arles stand sein Denkmal, schon zu seiner Lebenszeit. In Arles ebenfalls hatte er sein eigenes Museum, das prachtvolle Museum Arlaten, wo alles, was die alte Provence betraf, mit Fleiß, Sorgfalt und Liebe aufgestapelt wurde.

Am 24. Mai 1908 besuchte Mistral den einsamen Insektenforscher in seinem ‚Harmas' in Sérignan. Fabre war 85 Jahre alt, der Besucher 78. «Bevor wir uns in Sainte-Estelle, dem Paradies der Félibres, wiederfinden, wollte ich Sie, bevor ich sterbe, auf dieser Erde gekannt haben», sagte der Dichter. Außer ihrem Alter hatten sie wohl noch etwas gemeinsam: sie hatten dem Sog Paris widerstanden; beide waren sie das Zeugnis, die Demonstration vielleicht, welche ungeheure Kräfte in der französischen Provinz wirken würden, hätte sich dieses Land für die Dezentralisation entscheiden können.

Aber Mistral verfolgte noch eine geheime Absicht. Er hatte von der wundervollen Kollektion der Aquarelle von Pilzen gehört; er wollte sie sehen, und er hoffte, einen Gönner zu finden, der diese Sammlung für das Muséon Arlaten erwerben würde.

Ein Brief Fabres aus jener Zeit an Frédéric Mistral in Maillane bezieht sich auf diesen dann doch nicht zustande gekommenen Handel.

«Erlauben Sie mir ein Geständnis, zu dem mich Ihr edler Charakter ermutigt. Bis in die jüngste Zeit habe ich ganz bescheiden aus dem Erträgnis meiner Schulbücher leben können. Heute hat die Wetterfahne des Unterrichtswesens sich gedreht, und meine Bücher verkaufen sich nicht mehr. Und so stehe ich, wie früher, vor der schrecklichen Frage des täglichen Brotes. Wenn Sie nun denken, daß mit Ihrer und Ihrer Freunde Hilfe meine armseligen Bilder mir ein Beistand sein könnten, so bin ich bereit, mich von ihnen zu trennen, allerdings nicht ohne Bitterkeit. Es kommt mir vor, als nehme man mir ein Stück von meiner Haut, und ich hänge noch an dieser Haut, wie mitgenommen sie auch sein mag, ein wenig für mich selbst, viel für meine Familie, viel auch meiner Studien wegen, die ich auf alle Fälle fortsetzen möchte, weil ich davon überzeugt bin, daß niemand es einfallen wird, sie fortzusetzen, so undankbar ist dieser Beruf ...»

Es ist ein herzzerreißender Brief, den der Gelehrte, der Insektenforscher, auf das hohe Alter hin immer mehr wie ein schwarzes Insekt geworden, an das Sonnenkind, an den von einer unverlöschbaren Gloriole umstrahlten Poeten von Maillane schreibt.

Man hat das Gefühl, jetzt stehe das Leben, das Schicksal Jean-Henri Fabres noch einmal auf der Kippe: jetzt muß er sich, in so später Lebensstunde, entscheiden, ob der Verfasser der Souvenirs arm, unerkannt, als ein Verirrter, als ein Mißlungener in die Vergessenheit eingehen wird. Fast möchte man es wünschen. Es verliehe diesem Leben etwas Heroisches, Tragisches. Aber paßte es zu ihm?

XVI

Es wäre nicht die Wahrheit, würde ich sagen, mein Schifflein, das «Riedland», sei nun mit geblähten Segeln dahingeflogen. Während mancher und langer Flauten dröselte es den bewaldeten Ufern des Obersees, dem Buchberg entlang, und ich ließ mir diese Unterbrüche gerne gefallen. Ich beschwor sie sogar herauf, unter den nichtigsten Vorwänden; der schönste davon war, daß ich wieder hinauf mußte, in die Gegend, um zu sehen, wie die Jahreszeit fortgeschritten war, mit was für Tinten sie das Ried, den See, die Wälder gefärbt hatte. Der eigentliche Grund der Verzögerungen aber war der: ich wollte das Vergnügen dieser Niederschrift möglichst lange andauern lassen. Der Vorsatz «in der Freude schreiben» hatte, ohne daß ich es merkte, gewirkt: Das Schreiben war mir zu einer Freude geworden. Ich habe seither noch einige Bücher geschrieben; ein solches Fest, ein so lange dauerndes Fest wurde mir nicht mehr beschert wie damals, da ich unter den widrigsten Existenzbedingungen den kleinen Roman schrieb. Es gab ja wohl immer Seiten, ganze Abschnitte, Kapitel gar, aber bis es mir wieder so geschah, daß ich von der ersten bis zur letzten Zeile mit Vergnügen und Freude schrieb, mußte ich warten bis zu diesem hier vorliegenden Buch.

Inzwischen war ein neuer Herbst gekommen. Am Ufer des Obersees fand ich nun immer ein wenig dünnes Eis, Plättchen. Die Dahlien waren schwarz geworden. Auf den Riedstoppeln lag Rauhreif. Der Atem erzeugte Dampf. Der Boden der Landstraße war hart. Die ledernen roten Birnblätter fielen. Die Ledischiffe mußten wieder ihre Nebelhörner benützen. Zu Füßen der Kruzifixe standen Blechbüchsen mit Sträußen aus den letzten Astern und Stechpalmen und Föhrenzweigen.

Es ging dem Finale entgegen, ich spürte es mit Bedauern.

Immer irrte ich in den Kapellchen, den Kirchen, den Heustöcken, den Kanälen, auf dem Linthdamm umher, als suchte ich etwas. Es hätte mich nicht im geringsten erstaunt, dem Fischer Helbling, Bieli oder dem Postfräulein Marie zu begegnen, und wenn ich in der Kapelle zu den Vierzehn Nothelfern in Grynau still in der hintersten Bank saß, so war es, als wartete ich auf die Schwester Pia, die vom Kloster Zionsberg herabgestiegen kam, um mir noch etwas aus Theresens Jugendzeit mitzuteilen.

Wie an einen Bruder dachte ich zwischenhinein an den lieben Jean-Henri Fabre, der an seinem schnupftuchgroßen Tischchen saß und die wunderbare Nacht des Großen Pfauenauges beschrieb, oder, wie es seine Gewohnheit war, ein Kapitel einfügte, das nicht von den Insekten handelte, sondern von ihm selbst, von seiner Jugend, wie im Band VI, wo er auf eine unvergeßliche Weise seine Schule beschreibt, die Schulstube in Rodez, Mon école, ein Gemälde von Tenier.

Eines Tages auch, während dieser Zeit, kam mir als Motto für mein Buch der Grabspruch, der zu einigen meiner Menschen im «Riedland» paßte, zu Jean-Henri Fabre auch, und, in aller Bescheidenheit, auch zu mir. «Ich habe die Erde geliebt, wie man sie lieben muß: in der Armut.» Ein Philologe hat ihn mir dann ins Lateinische übersetzt: AMAVI TERRAM QUO MODO AMANDA EST: IN PAUPERTATE.

Dann also ließ es sich mit allen Listen, mit allen Exkursionen nicht mehr aufhalten: im Dezember, nach zwei Jahren, war das kleine Buch leider geschrieben.

Wenn so etwas geschieht, dann erlebt der Schriftsteller eine Trauer, die schönste Trauer, die es gibt: die Trauer über das beendete Werk.

Das ist ein ganz besonderer Abschied; während Jahren vielleicht hat man mit einer solchen Arbeit gelebt; um ihretwillen und mit ihrer Hilfe hat man manche Unbill ertragen. Doch es konnte einem nichts geschehen. Ein Mensch, der eine solche Arbeit hat, ruht in der Hand Gottes. Ist diese Arbeit zu Ende, ist er verwaist.

Im Jahre 1907, dreiundachtzig Jahre alt, hat Fabre den letzten, den zehnten Band seiner ,Souvenirs entomologiques' herausgegeben. Wieviel größer muß die Trauer bei Vollendung eines solchen Werkes sein, wenn sein Verfasser dieses hohe Alter erreicht hat.

Man kann sie erraten, denn eben gerade in diesem Band X schreibt Fabre: «Wenn die Nacht kommt, beeilt sich der Holzfäller, seine letzten Bürden zu binden. So will auch ich am Ende meiner Tage, bescheidener Holzfäller im Walde des Wissens der ich bin, noch ein bißchen Ordnung machen. Was wird wohl bleiben von meinen Forschungen über den Instinkt? Wie es den Anschein hat, wenig: wenn es gut geht, ein paar aufgestoßene Fenster in eine Welt, die noch nicht so gründlich und mit der Aufmerksamkeit durchforscht wurde, die sie verdient.»

In diesem selben Bande stehen auch die Worte: «Eheu! fugaces labuntur anni, sagte Horaz. Oh, ja, sie vergehen rasch, die Jahre, besonders wenn sie nahe ihrer Neige sind. Sie waren einst das fröhliche Bächlein, das sich unter den Weiden verweilte, am flachen Bord; heute aber sind sie ein wild reißender Strom, der Tausende von Trümmern mit sich führt und dem Abgrund entgegenstürzt.»

Es ist auch ganz merkwürdig, daß er in diesem, seinem letzten Bande auf seine Pilztafeln zu reden kommt, lange bevor er seinen schweren Brief an Mistral schrieb, wie von einer Vorahnung durchdrungen, es könnten diese Aquarelle noch eine Rolle spielen in seinem Leben, in ökonomischer Hinsicht.

«Ich begann alle in meiner Nachbarschaft vorkommenden Arten von Pilzen zu malen, in natürlicher Größe. Die Kunst des Aquarells ist mir völlig unbekannt. Was tut's? Das was ich nie gesehen habe, wie man es macht, ich erfinde es vorweg. Zuerst geht es schlecht, dann ein wenig besser, schließlich gut. Der Pinsel lenkt mich von der Prosa der täglichen Plage ab. Zuletzt bin ich Besitzer von einigen Hunderten von Blättchen, auf denen, in natürlicher Größe und in natürlichen Farben, die verschiedenen Arten der Pilze der Gegend dargestellt sind. Meine Sammlung hat einen gewissen Wert. Fehlt ihr vielleicht jenes gewisse Etwas des Künstlerischen, so besitzt sie auf alle Fälle den Vorzug der Genauigkeit. Viele Besucher, Leute aus der Landschaft, kommen am Sonntag, sie zu besichtigen, und sie betrachten mit Erstaunen die Bilder, von denen sie nicht glauben können, daß sie von Hand gezeichnet sind, ohne alle Hilfsmittel. Sofort erkennen sie die abgebildeten Pilze, sagen mir, wie man sie im Volksmund nennt, und das ist ein Beweis für die Wahrheitstreue meines Pinsels.

Was aber wird aus dieser Beige von Aquarellen werden, die mich so viel Arbeit gekostet haben? Wahrscheinlich werden sie die Meinen noch einige Zeit als Andenken aufbewahren, aber dann, früher oder später, werden sie anfangen, Platz zu versperren, man schiebt sie von einem Schrank zum anderen, dann von einem Estrich zum andern, von den Ratten besucht und zerfressen, fallen sie endlich einmal in die Hände eines Urneffen, der sie mit der Schere zerschneidet. Das ist in Ordnung. Was unsere Illusionen waren, was wir hegten mit Liebe, es endet eines Tages elend unter den Klauen der Wirklichkeit ...»

Aber die körperlichen Schwächen oder die ökonomischen Schwierigkeiten mögen noch so groß sein, Fabre denkt nicht daran, seine Forschungsarbeiten aufzugeben. Er ist dem Insekt hörig. «C'est mon grain de sable», das ist mein Sandkorn, hat er einmal gesagt, und als ich diese Worte las, kam mir sogleich Schillers Gedicht «Die Ideale» in den Sinn, dessen letzte Strophen klingen, als wären sie für Jean-Henri Fabre geschrieben, nein, als wären sie von ihm geschrieben.

Wer steht mir tröstend noch zur Seite
Und folgt mir bis zum finstern Haus?

Beschäftigung, die nie ermattet,
Die langsam schafft, doch nie zerstört,
Die zu dem Bau der Ewigkeiten
Zwar Sandkorn nur für Sandkorn reicht
Und von der großen Schuld der Zeiten
Minuten, Tage, Jahre streicht ...

In diesem «Sandkorn nur für Sandkorn» ist das Geheimnis der großen Werke beschlossen.

Fabre machte sich daran, einen neuen Band vorzubereiten, und sein Thema war die Phosphoreszenz der
Leuchtkäfer.

Inzwischen hatte der strahlende Dichterfürst, Frédéric Mistral, nach seinem letzten und einzigen Besuch auf
dem ‚Harmas‘, und auf den Brief Fabres hin, wirklich
einen Mäzen gefunden, einen Herrn Mariani aus Marseille, der bereit war, dem Forscher für seine Sammlung
der Aquarelle von Pilzen zehntausend Franken anzu-
bieten und sie nachher dem Muséon Arlaten in Arles
zu schenken. Allein das Schicksal hatte mit dem alten,
verlassenen Biologen etwas ganz anderes vor: eine ab-
struse, schlechthin märchenhaft wirkende Anerkennung seines Werkes und eine grausame Bloßstellung seines Lebens.

Begonnen hatte es damit, daß der Präfekt des Vaucluse beim Erziehungsministerium eine Ehrengabe von
tausend Franken für den greisen Fabre ergattern konnte
und daß der Generalrat des Vaucluse seinem Mitbürger
eine jährliche Rente von fünfhundert Franken zu-
sprach. Das war im Jahre 1908; Fabre zählte 85 Jahre
und arbeitete bereits an der Biographie des Glüh-
wurms. Sein Freund und späterer Biograph, Dr.
G.-V. Legros, leitete eine richtige Kampagne ein, um
den großen französischen Entomologen zu ehren und
zu feiern. Er schrieb an die berühmten Persönlichkeiten
der Epoche, die Dichter, Philosophen, die Biologen: im
Jahre 1910 waren es dreißig Jahre her seit dem Erscheinen des Bandes I der Souvenirs. Dieses Jubiläum sollte
gefeiert werden.

Die Fachwissenschaft verhielt sich skeptisch, abl:eh-
nend oft. Die Koryphäen der Entomologie wollten an

der geplanten Feier nicht teilnehmen. Viele von ihnen sahen in Fabre nur einen Phantasten, der in die nüchterne und sachliche Domäne der Wissenschaft etwas Literarisches hineingebracht hatte. Andere wandten ein, Fabre gebe Beobachtungen und Entdeckungen, die andere längst gemacht hatten, als eigene aus. Es wurden ihm auch Irrtümer in der systematischen Benennung der Insekten vorgeworfen. Selbst die Lehrer, die Lehrer der Primarschulen in den Städten und auf dem Land, die Lehrer, aus deren Kreis er selbst hervorgegangen war und an die er beim Schreiben immer dachte, wollten nichts von ihm wissen. Er war ihnen zu spiritualistisch; er glaubte an Gott, als Wissenschafter, man denke.

Wir haben in unserem eigenen Lande, in der Schweiz, leider manchmal Gelegenheit, ein gleiches Phänomen zu beobachten. Wir sind der neidlosen Freude über den Erfolg eines Mitbürgers nicht immer fähig. Wenn wir von der aufsehenerregenden Leistung eines Landsmanns hören, so findet sich jeweils schon bald einer, der sagt: «Der? Was der? Mit *dem* seiner Schwester bin ich ja in die Sekundarschule gegangen.» Auch wir Schriftsteller leiden oft unter der Herrschaft solch unwürdigen Instinkts. Eifersucht, Ehrgeiz, Neid und Mißgunst sind schlechte Gevattern; diese ungebetenen Gäste zu vertreiben, gibt es ein probates Mittel: das eigene Werk, Sandkorn für Sandkorn.

Doch ganz langsam, auf eine ganz behutsame Weise, sammelten sich bei Dr. Legros die Zeugnisse bekannter und maßgebender Geister an. Auf einmal wurde es offenbar, daß die sich folgenden, aber schlecht abzusetzenden Bände der Souvenirs unter den nicht sehr zahlreichen Lesern solche zählten, auf die es ankam. Bergson, der berühmte Philosoph, der Verfasser der «Evolution créatrice», bekannte, wie vieles er dem armen und großen Fabre verdanke, der im Begriffe war, in Sérignan sein langes, unbeachtetes Leben zu beschließen. Lord Avebury, der bekannte Naturforscher, Henri Poincaré, der große Mathematiker, der Mineraloge Lacroix, der Entomologe Bonnier, Paul Marchal, Edmond Rostand, Romain Rolland, Maurice Maeterlinck bekannten sich als begeisterte und dankbare Leser, eine illustre Gemeinde fürwahr. Alle fühlten sich geehrt, zum Jubiläumsfest geladen worden zu sein – und auf einmal, aus der dunkelsten Nacht heraus, möchte man sagen, schloff Fabre aus, ans Licht, wie irgendeines seiner Insekten.

Aber sie kamen spät, diese Hilfstruppen mit ihrer Anerkennung! Mehr und mehr beugte das Gewicht der Jahre den alten Forscher. Sein Auge, das einst so scharf und durchdringend zu sehen vermochte, ist so schwach geworden, daß er kaum mehr seinen Namen zu schreiben vermag. Die Muskelkraft ist dahin; er bewegt sich nur noch mit kleinen, unsicheren Schritten fort, und bald wird der Tag kommen, da er seinen geliebten ‚Harmas‘, die Wohnstätte, die Forschungsstätte auf freiem Feld, sein Laboratorium, sein Eden, wie er diese Stelle auf der Erde nannte, nicht mehr wird umschreiten können.

Als ich von dieser Misere las, wurde ich an die Worte eines anderen großen Geistes erinnert, an Goethe, der am 11. März 1828, als beinahe Achtzigjähriger, zu Ekkermann sagte: «Wissen Sie aber, wie ich es mir denke? Der Mensch muß wieder ruiniert werden. Jeder außerordentliche Mensch hat eine gewisse Sendung, die er zu vollführen berufen ist. Hat er sie vollbracht, so ist er auf

Erden in dieser Gestalt nicht mehr vonnöten, und die Vorsehung verwendet ihn zu etwas anderem.»

Nur die Glut der schwarzen Augen und das fast unfehlbare Gedächtnis legten Zeugnis von Leben und Geist in der Ruine Fabres ab.

Er selbst, als er sich auf den Tag der Feier, den 3. April 1910, rüstete, bemerkte: «Höchste Zeit! Ein wenig mehr, und die Geigen wären zu spät gekommen!»

Es war ein großer Tag im Leben Jean-Henri Fabres. Durch die offenen Tore des ‚Harmas‘ strömten die Bewohner von Sérignan, und viele von ihnen sahen heute zum erstenmal das Antlitz ihres berühmten Mitbürgers. Der lauteste, der lustigste, der sich nicht beruhigen könnende Besucher dieses Tages aber war Marius, das Faktotum, der blinde Sesselmacher Marius Guigue, der den Tag der Apotheose seines Meisters in der Nacht seiner Blindheit feierte wie eine geblendete Nachtigall.

Leider kamen nicht alle, die man erwartet hatte. Von den Offiziellen sowie von den Gelehrten blieben manche aus. Sie waren zwar ganz in der Nähe. In jenen Tagen nämlich wurde unten am Mittelmeer das berühmte Ozeanographische Institut des Prinzen von Monaco eingeweiht, eben jene mit Millionen errichtete Station, die Fabre gemeint hatte, als er beim Bezug seines ‚Harmas‘ bemerkte, sein Laboratorium koste der Öffentlichkeit keinen Centime. Die Gelehrten Frankreichs und die Mitglieder vieler ausländischer Akademien weilten in dem winzigen Fürstentum, wo des Rühmens des Landesherrn kein Ende war. Die meisten von ihnen stiegen aber nicht aus in Orange, auf dem Rückweg nach Paris; es regnete in Strömen, es war ja das Frühjahr der großen Überschwemmungen.

Aber immerhin, man überreichte Fabre eine goldene Erinnerungsplakette, die Schwedische Akademie der Wissenschaften verlieh ihm die Linné-Medaille, ihre höchste Auszeichnung, und dann fand im größten Restaurant von Sérignan ein improvisiertes Bankett statt. Von Orange ließ man eine Galakutsche kommen, in der Fabre nach Sérignan gefahren wurde, angeführt von der Gemeindemusik, bei der Marius die große Trommel und die Zymbeln aus Leibeskräften bearbeitete. Ein Delegierter des Institut de France zeichnete in einer Ansprache Leben und Verdienste Fabres, Telegramm um Telegramm traf ein, der «Homer der Insekten», der «Vergil der Insekten», der «Magus, der die Sprache der Tiere versteht» wurde geehrt, gerühmt.

Fabre sprach ein paar Worte, er gedachte der freudigen Stunden seines Lebens, auf ewig vorbei, und dann weinte er und viele, die ihn weinen sahen, weinten auch. Heute, da wir solches vernehmen, mag es uns beinahe scheinen, diese weinenden Männer an dem improvisierten Bankett im Café von Sérignan hätten gar nicht gewußt, warum und worum sie weinten. War es in Wirklichkeit nicht der Abschied von der Belle Epoque, den sie beweinten?

Es beginnt nun im Leben Fabres eine Periode, die seinem Bilde etwas von seiner Hehre und Würde hinweggenommen hätte, würde sie bis zu seinem Lebensende gewährt haben. Plötzlich war Fabre berühmt, eine Persönlichkeit geworden. Jedermann wollte nun die ‚Souvenirs entomologiques‘ gelesen haben; im Jahre 1911 allein wurden mehr von diesen Büchern verkauft als in den verflossenen 30 Jahren. Ihm kam das Brot des Ruhms, als er keine Zähne mehr hatte, es zu beißen.

Man sprach sogar davon, ihm den Nobelpreis für Literatur zu verleihen, denn es waren seine Sprache, die Art seiner Darstellung, sein Stil, sein Ausdruck voll höchster Genauigkeit, seine Einfachheit, seine Klarheit und eine natürlich aus den Gegenständen heraus sich entwickelnde Poesie, die ja tatsächlich viele seiner Studien zu unsterblichen Meisterstücken der französischen Sprache stempelten.

Die allgemeine Begeisterung nahm groteske Formen an. Das Bild von seiner Armut wurde verbreitet und übertrieben. Mistral posaunte es in die Welt hinaus. Edmond Rostand veröffentlichte die Verse:

> *Frankreich, zählst du auf Schwedens Geste*
> *Wenn ein hehres Haus zerfällt?*
> *Du weißt doch, daß Fabre ein Greis*
> *Und daß du nicht tatest, was du ihm schuldest.*

Eine hektische Hilfsbereitschaft erfaßte Frankreich, die Welt. Es regnete Spenden in Sérignan. Bündel von Geldüberweisungen und Naturalgaben trafen ein. Große Summen wurden ihm von Freunden zur Verfügung gestellt. Am tiefsten beschämten ihn die Almosen aus dem Ausland.

Im «Matin» vom 4. August 1912 bat Fabre, man möge doch sein Alter vor solchen Übertreibungen beschützen, und ganze Tage mußte er nun darauf verwenden, um die Briefe zu beantworten und die Geldspenden zurückzusenden.

Der Staat gewährte ihm eine Rente von zweitausend Franken. Doch die Universität schwieg; und die Rosette der Légion d'honneur, auf die seine Freunde gehofft hatten, blieb aus. Aber auf einmal wollten nun die

218

Gemeinden Saint-Léons, Sérignan, Orange, Avignon Statuen von Fabre auf ihren Plätzen errichten. Es wurde die große Mode, den ‚Harmas‘ zu besuchen; eine Menge überflutete, zerstampfte buchstäblich den Garten, Schulreisen, Exkursionen, Schauspieler auf Tournée, Neugierige, aber auch Gelehrte, Künstler, Ästheten, Literaten, Damen der Gesellschaft – kurz das ganze närrische hektische Volk der Epoche kam zu ihm auf Besuch, unangemeldet, und immer horchte der alte Mann höflich und aufmerksam ab, was die Leute ihm erzählten, Lob, Freude über sein Werk, aber auch plötzlich ihre eigenen Sorgen, oder wie jener arme Mann, der ihm bitter vorwarf, daß er die Geldanweisungen zurücksandte. Selbst der Papst tue ja das nicht, sondern er verteile das Geld unter die Bedürftigen, wie er, der Sprechende zum Beispiel, einer sei.

Es kamen auch schon Kinoleute, von der Firma Pathé frères, und nicht nur als Aktualitätenjäger für die Wochenschau, sondern sie wollten tatsächlich die Insekten aufnehmen, ihr sonderbares geheimnisvolles Leben, Vorläufer Walt Disneys, die diese Leute waren. All dies erinnert mich ein wenig an einen anderen Greis der selben Zeitepoche, an Leo Nikolajewitsch Tolstoi, den die Reporter in Jasnaja Poljana heimsuchten, und der 1910, gerade noch rechtzeitig, aus dieser Welt gegangen war.

XVII

DIESER ABSCHIED von Jean-Henri Fabre tut mir weh.
Fast habe ich ein Gefühl, als mißgönne ich ihm diesen
Ruhm, um des Bildes willen, das er der Nachwelt zu-
rückließ. Wie gut hätte es zu ihm gepaßt, er wäre ganz
still verlöscht, wie ein Insekt, am Ende des Tages, und
erst lange, lange nachher wäre er entdeckt worden.
Diese Hast seines Vaterlandes, der Welt, noch rasch etwas gut zu machen, solange noch ein Fünklein in der
Asche glühte, sie hat etwas Peinliches, etwas nicht ganz
Ernstes in sich. Aber wenn man es von der Ferne her betrachtet, so spürt man: nicht Fabre allein galt all das, es
galt einer Epoche, die man die Schöne nannte, und die
es vielleicht auch war ... Tolstoi, der Prinz von Monaco,
Fabre, – was alles beschwören diese Namen herauf!
Es sollte noch einer dazukommen in dieser Lebensgeschichte: Raymond Poincaré, Präsident der Französischen Republik. Auf den zittrigen und verregneten Film-
streifen meiner Jugendzeit habe ich ihn noch gesehen
an den offiziellen Empfängen, den Denkmalenthüllun-
gen, den Stapelläufen, ihn und die anderen Herren:
hohe Kragen, Ansprache, Händeschütteln, die Melone
ab, die Melone auf, tack, tack.
Der Staatsmann fuhr im Herbst 1913 das Rhonetal
hinab, den Bouches-du-Rhône zu, um auch noch
schnell, schnell, bevor der Tod den Gefeierten abholte
(1914), den provenzalischen Dichterfürsten zu begrüßen, Frédéric Mistral. In Maillane strahlte die Sonne
unter einem italienischen Himmel, die Blumen ver-
strömten ihre Düfte, Pfeifen und Tambouren spielten

die Weisen des Landes. Im Namen der Nation grüße ich Sie, Dichter der Mireille und Calendals. Ewige Jugend ...

Der Abend kam; auf dem Heimweg sozusagen nach Paris, besuchte der Präsident der Republik den ehemaligen Landschulmeister Jean-Henri Fabre.

Seine Frau war vor einiger Zeit gestorben; der Vater und die Kinder trugen Trauer. Die Gemeinde Sérignan hatte natürlich Triumphbogen errichtet; Soldaten, Gendarmen, eine ungeheure Menschenmenge bildete Spalier. Die Schwester Sainte-Adrienne, aus der Kongregation der Krankenschwestern von Saint-Roch, die seit einiger Zeit den Greis betreute und ihn nicht mehr verlassen sollte bis zu seiner letzten Stunde, trug zusammen mit den Söhnen und Neffen Fabre in die schattige Fliederallee. Dort saß er, seinen schwarzen Filzhut auf dem Kopf, und wartete. Der Kiesweg war säuberlich gerecht, er führte bis zum Portal in der Umfriedungsmauer des ,Harmas‘, und darüber hing die Trikolore.

Dann brach auf einmal die Fanfare von Sérignan los, mit Leibeskräften schlug der blinde Marius auf die Trommel, und dann erschien auf der Netzhaut des alten Mannes, die es so gewohnt war, die Insekten zu beobachten, das Bild des höchsten Magistraten dieses Landes, der in seiner raschen Redeweise die Ehrung des Gelehrten aussprach. In den kleinen Dingen das Große zu sehen, habe er, Fabre, uns gelehrt, und uns das Gefühl verliehen, wir könnten in die Unendlichkeit hineinblikken ...

Ganz still und regungslos, die dunklen Augensterne weit geöffnet, lauschte Fabre. Keine Geste verriet seine Gemütsbewegung, nur sein Kinn zitterte, und aus den Augen traten die Tränen und rannen langsam die Runen seines Antlitzes hinab. Er versuchte sich zu erheben, als der Präsident der Republik ihm die Hand reichte, aber er konnte nur noch alle die Hände schütteln, die sich ihm entgegenstreckten.

Langsam leerte sich der Garten hinter dem Gefolge des Magistraten, die Abenddämmerung brach herein – und dann lastete über den Zurückgebliebenen lange Zeit ein tiefes Schweigen.

Alle waren sich eines Abschiedes bewußt, aber, wie immer es uns zustößt, erst später sollten sie wissen, wovon sie Abschied genommen hatten. Ich, der ich diese Zeilen schreibe, und Sie, lieber Leser, der Sie mir folgen, wir haben ja, so glaubten wir, von Fabre schon Abschied genommen, als wir den letzten Band der ‚Souvenirs entomologiques‘ schlossen. War denn noch etwas für uns zu erhoffen, die wir den plötzlich so berühmt gewordenen Insektenforscher in dem Betrieb zurückließen?

Es war. Das Schicksal meinte es gut mit ihm. Es brachte ihm noch ein Jahr der Stille, ein Jahr des Friedens, – denn der Krieg brach aus.

Nun gab es nochmals, in dem plötzlich wieder einsam gewordenen ‚Harmas‘, die klugen und freundlichen Gespräche in der alten Akademie de Sérignan, der sich der Doktor Legros und die Schwester Sainte-Adrienne beigesellt hatten. Da saßen unter den Platanen, vor dem rosaroten Gemäuer des Hauses die bestandenen Männer, und der bon sens und die Freundschaft verband sie. Aber Schwester Sainte-Adrienne und Madame Aglaé, was haben sie mit dem alten Manne gemacht? Einen Bademantel haben sie ihm angelegt, aus grauem Tuch, auf sein Haupt eine Art von Mütze aus violettem Samt gedrückt, und seine Schenkel bedeckten bis hoch hinauf geknüpfte Gamaschen. Nicht mehr wiederzuerkennen ist Fabre unter solchem Aufputz.

Manchmal noch setzte sich der Neunzigjährige an sein kleines Tischchen und versuchte nachzudenken, aber ach, der Schlaf suchte ihn heim. Dennoch reichte es zu manchem Pfeifchen, das ihm die Schwester stopfte; er diktierte auch Briefe, ließ sich vorlesen, aus der Bibel auch. Der Beginn der Genesis, die klare Ordnung, die in diesem Bericht herrscht, entzückte den Naturwissenschafter und Gläubigen immer von neuem.

Einmal, als der Doktor Legros ihm ein flammendes Stück zusammengerollten Papiers reichte, um die erloschene Pfeife in Brand zu setzen, sagte Fabre: «Wie lange hat unsere arme Menschheit gebraucht, bis sie des Feuers mächtig war! Noch in meiner Kindheit sah ich alte Frauen meines Dorfes, wie sie am frühen Morgen von Haus zu Haus wanderten, um von einer Nachbarin ein bißchen Gluten zu betteln, die sich unter der Asche erhalten hatten, um damit den eigenen Herd wieder aufflammen zu lassen.»

Im Mai des Jahres 1915 wollte er noch einmal einen Rundgang durch den ‚Harmas‘ unternehmen, den Flieder und die Centaureen sehen, mit all den Hautflüglern, die sie besuchten und die, weil sie ohne Persönlichkeit sind, noch genau die gleichen Insekten waren, deren Sitten und Instinkte Fabre beschrieben hatte. Aber es war nicht mehr derselbe ‚Harmas‘. Da der Meister des Ortes nicht mehr über sie herrschte, hatten die Pflanzen alles wild zu überwuchern begonnen. Die einst so breiten Alleen verwehrten nun, so eng waren sie in der Zucht-

223

losigkeit des Wachstums geworden, dem Rollstuhl, der Schwester und dem Meister den Durchgang.

Aber erst im Oktober des Jahres, am 12., schloß Jean-Henri Fabre die Augen für immer.

Es ist sinnlos, ich weiß es wohl, aber mir fallen für diesen Augenblick bessere Worte nicht ein als jene, die Fabre selbst, anläßlich der Sonnenfinsternis vom 28. Mai 1900, aufgeschrieben hat.

«Es ist vier Uhr, der Tag wird fahl, die Temperatur sinkt, die Hähne beginnen zu krähen, von dieser Art unzeitgemäßer Dämmerung überrascht. Einige Hunde bellen. Die Schwalben, vor kurzer Zeit noch überall, plötzlich sind sie verschwunden ... ein Pärchen hat sich in mein Arbeitszimmer geflüchtet, dessen Fenster offen war; sobald die normale Helligkeit wieder da ist, werden sie ins Freie fliegen. Die Nachtigall, deren nicht endenwollender Gesang mich manchmal störte, schweigt; unter den Schwarzköpfigen Grasmücken, die fortwährend schwatzen, wird es plötzlich still. Nur die jungen Spatzen unter den Dachziegeln piepsen ganz leise, kläglich. Ruhe und Stille herrscht im Halbdunkel. Im ‚Harmas‘ sehe ich kein Insekt mehr herumfliegen, keine Biene mehr, die im Rosmarin Honig sammelt; alle Bewegung ist erstorben ...»

Er ruhte auf seinem kleinen eisernen Bett, die Hände über einem elfenbeinernen Kreuz, den alten breitrandigen Filzhut, den er immer trug, auch als der Präsident der Republik vor ihm stand, neben sich. War er nicht sein Panasch, das stolze Abzeichen seiner Armut, ein Requisit, dem Cyrano de Bergerac entliehen?

Noch einmal, noch einmal muß ich das stolze Werk des toten Mannes aufschlagen, das Werk, das mit dem

Worte ‚Laboremus‘ schloß, derweil Jean-Henri Fabre
daliegt in der Nacht, in der letzten Nacht, die er in seinem geliebten ‚Harmas‘ verbringen wird. Noch einmal
muß ich seine eigenen Worte zitieren, denn ich werde
die absurde Vorstellung nicht los, es seien zur Nacht-
zeit, um Abschied von ihrem Sänger, von ihrem Vergil
zu nehmen, die großen dunklen Falter, le Grand-Paon,
die Großen Nachtpfauenaugen aus der ganzen Landschaft herangekommen ...

«Es war ein unvergeßlicher Abend. Ich werde ihn
nennen den Abend des Großen Pfaus. Wer kennt ihn
nicht, diesen wunderbaren Schmetterling, den größten
Europas, in braunen Samt gekleidet und mit weißer
Krawatte ...»

Im Arbeitsraum Fabres, unter einer Drahtglocke,
war ein Weibchen ausgeschloffen.

«Gegen neun Uhr des Abends, alle waren schon
schlafen gegangen, höre ich ein Geräusch im Nebenzim-
mer. Halb angekleidet steht da Petit-Paul. Komm
rasch, ruft er, komm, schau die Schmetterlinge an, groß
wie Vögel sind sie, das Zimmer ist voll von ihnen.

In der Küche, überall im Haus flattern sie herum.
Aber ein unvergeßlicher Anblick bietet sich im Arbeits-
zimmer. Mit gedämpftem flic-flac umkreisen die
Schmetterlinge in der dunklen Nacht die Drahtglocke,
lassen sich darauf nieder, erheben sich, steigen zur
Decke empor, kommen wieder ...»

Ich kann mir nicht helfen, ich sehe Fabre in jener
Nacht vom 11. zum 12. Oktober 1915 von den großen
lautlosen Vögeln umflattert, deren Flügel «grau und
braun gesprenkelt sind, von einer bleichen Zickzack-
linie durchzogen und von einem rauchigen Weiß gerän-

dert, und die in ihrer Mitte einen runden Fleck tragen, ein großes Auge mit schwarzer Pupille und einer Iris, die aus schwarzen, weißen, bräunlichen und purpurnen Bogen gebildet ist ...»

Sie haben keine Persönlichkeit, die Insekten, sie haben keinen Verstand, sie haben nur einen Instinkt, aber der ist von göttlicher Weisheit und Herkunft. Deshalb wohl denke ich mir, daß in jener Menschennacht die dunkeln Schmetterlinge um das im Tode, wie Dr. Legros sagt, erstaunlich heitere und von außerordentlicher Reinheit geprägte Antlitz Fabres lautlos flatterten, bis zum Morgengrauen des Tages, da sie ihn holen kamen.

Nach der Zeit, da mein Büchlein «Riedland» geschrieben war, wanderte ich mit einer jungen Frau noch einmal den Damm des Linthkanals entlang, und sie war, als ich sie fragte, bereit, mit mir die Armut zu teilen.

Ziemlich genau zwanzig Jahre später haben wir miteinander eine kleine Wallfahrt nach Sérignan unternommen, um die Stätten zu sehen, an denen Fabre die Souvenirs geschrieben hatte und wo seine Gebeine ruhen.

XVIII

AN DER ROUTE Nationale N° 576, ein wenig außerhalb des Dorfes Sérignan, zur rechten Hand, läuft eine hohe Mauer der Straße entlang. Das große Gittertor war verschlossen, daneben aber fand sich eine kleine, grün gestrichene Holztüre in den Stein eingelassen, und an diese war ein weißes amtliches Plakat geheftet: «Muséum d'Histoire Naturelle, Paris, Harmas de J. H. Fabre.» Wir waren um ein weniges zu früh, die Besuchszeit begann erst um neun Uhr. In meiner Ungeduld betätigte ich dennoch den Klingelzug, irgendwo schellte es, dann hörten wir Schritte, und ein Schlüssel drehte sich im Schloß. Ich entschuldigte mich bei dem alten Mann, der uns einzutreten einlud, der Kustos, der Hüter, der Führer, der Abwart der Liegenschaft, dachte ich, obgleich er keine Mütze oder etwas dergleichen trug, sondern in Filzschuhen, Finken, wie wir bei uns sagen, daherkam, den kahlen Kopf unbedeckt, in einem grauen Lismer und in Hosen, nun, eben Hosen, wie ich sie selbst zu Hause trage, je älter, je lieber. Wir müßten uns doch nicht entschuldigen, entgegnete der kleine Mann, dessen Gesicht mir merkwürdig bekannt vorkam, wenn wir schon da seien, und er auch, so sei das doch selbstverständlich, daß er uns einlasse. Anderseits müßten wir ihn entschuldigen, wie er gekleidet sei, eben von einer häuslichen Beschäftigung herkommend, aber ich hörte bereits nicht mehr recht, was er sagte, denn schon begann jene Verzauberung zu wirken, die jedesmal uns ergreift, wenn wir einen Ort in der Wirklichkeit betreten, an dem wir seit langem im Geiste heimisch ge-

227

wesen waren und nach dem wir uns lange gesehnt hatten, und das war ich und das hatte ich, weiß Gott.

Da leuchtete das rosarote Gemäuer des Hauses, da waren die Platanen davor, das Kiesplätzchen, und dort, jenes kleine Gartentor aus Holz, es führte hinüber, hinein in den eigentlichen ‚Harmas‘, jenes ehemals brach und unbebaut liegende Stück Boden, mit den Sand- und Steinhaufen, den Centaureen, den Disteln, dieses Paradies der Insekten, dieses Eden Fabres, das er sogleich mit der hohen Mauer umschließen, abschließen ließ. Da war auch der große runde Teich, ein paar Stufen führten zu ihm empor, die Wasserläufer glitten über seine Fläche hin, in seiner Mitte erhob sich ein großer, über und über mit Moos bewachsener Felsblock, und Wasser rieselte über ihn herab.

Alles dies kannte ich ja. Ich konnte kein Wort hervorbringen. Wir folgten dem Manne. Er geleitete uns zu einem Anbau des Wohnhauses, in einen hallenähnlichen Hausgang hinein, in dem eine nur einmal gewinkelte Holztreppe zu einer einzigen Türe im ersten Stock führte; das Gemäuer war blau getüncht.

Natürlich wußte ich sogleich, wo wir uns befanden, als wir die Türe aufstießen. Diese Glaskästen den Wänden entlang, mit ihren Sammlungen von Vogeleiern, der Schneckenhäuser, der Muscheln aus Korsika, den unzähligen Kasten mit den Käfern, den Wespen, den Schmetterlingen, oben die dicken Konvolute der Herbarien – all das vertraut, vertraut! Vertraut auch der große Tisch in der Mitte des Raumes, mit den Drahtglocken, mit dem berühmten, aber von Fabre so selten gebrauchten Mikroskop, ein Geschenk des Chemikers Dumas, die Waage, auch die Instrumente, die man ihm gebracht und vermacht hatte, als das landwirtschaftliche Laboratorium in Avignon aufgelöst wurde. Dort das Kamin, aus schwarzem Marmor, und davor – das Herz pochte mir – das schnupftuchgroße Tischchen, «ma table»!

Wir möchten ihn einen Augenblick entschuldigen, sagte der Mann, er habe noch rasch etwas zu erledigen, ein Hausgeschäft, wir sollten uns alles nach Herzenslust betrachten. Aber selbstverständlich, da wir zu früh gekommen seien. Sie schließe sich ihm an, sagte meine Frau, sie gehe ein Weilchen hinunter in den Garten, sie lächelte dazu, und ich wußte wohl, wie es gemeint war.

Und dann stand ich also vor dem kleinen Tischchen, das Fabre durch sein ganzes Leben hindurch begleitet hatte, an dem er sich gehalten hatte, wie an einem Floß auf dem Strom des Lebens, auf dessen Platte die zehn Bücher, die viertausend Seiten der ‚Souvenirs entomologiques‘ geschrieben worden waren, wahr, schlicht, erfahren, Wort für Wort. Die Museumsleitung hatte über dem Tischchen ein Kästchen aus durchsichtigem Cellophan aufgebaut, und darunter lagen ein paar Seiten Manuskript, der Federhalter, das Tintenfaß, sein Taschenmesser, sein kleiner Grabspaten, den er immer mit sich führte. Ich beugte mich über das Gehäuse, versuchte die Schrift zu entziffern, aber die Tinte war schon blaß, so blaß, orangefarben. Mein Blick fiel auf den roten Plättchenboden: eine deutlich sichtbare graue Spur führte um den großen Tisch mit den Instrumenten, um das kleine Tischchen daneben, herum.

«Ja, da ist die Spur seiner Schritte», erklärte mir der Wärter, der zurückgekommen war, «wissen Sie, immer wenn er sein Sujet im Kopfe hatte, lief er um den Tisch herum, stundenlang, unaufhörlich, und dann setzte er sich hin und schrieb; nie machte er einen Brouillon, einen Entwurf, alles war sofort endgültig. Sie sehen es auch, er brachte keine Korrekturen an. Aber wenn er arbeitete, mußten wir ganz still sein im Hause, silence absolu!»

Ich blickte den Mann an, es dämmerte mir etwas auf. «Sie sind? ...»

«Aber ja, ich bin sein Sohn aus zweiter Ehe. Hier in diesem Hause wurde ich vor mehr als siebzig Jahren geboren. Je suis Petit-Paul.»

«Vous êtes Petit-Paul! Monsieur Fabre ...»

Ich fand die Worte nicht, ich drückte ihm die Hand, den Arm, schaute ihm ins Gesicht, suchte in ihm nach seines Vaters Zügen.

«Sie können es nicht wissen, was es mir bedeutet, Sie hier zu finden. Ich wußte, daß seine Tochter, Aglaé, das Haus betreute, aber ...»

«Eh oui, sie ist dahingegangen ...»

«Sie können es nicht wissen, Monsieur Fabre, Ihr Vater, was er mir bedeutet ...»

Ich stotterte in der Freude, der Aufregung, der Ergriffenheit an einem Satz, an einer Aussage herum. Aber natürlich brachte ich nichts Vernünftiges heraus. Auch jetzt, da ich es gemächlich, überlegt, niederschreiben könnte, fällt es mir schwer auszudrücken, was mich bewegte. Das Werk, nicht wahr, das Werk Fabres, das Jahrzehnte hindurch mich begleitet hatte, sein Geist, seine Ausstrahlung, sie gehörten für mich nicht einer stofflichen Wirklichkeit an, sondern dem Traum, der Sehnsucht, der Weite, der Ferne, einer gedanklichen Welt. Aber nun, vor diesem Tischchen, der Fuß auf dem

230

Plättchenboden mit seiner Spur, den Mann im grauen Lismer vor mir, senkte sich die Wölbung des hohen Geistesbogens wieder zur Erde, zur bescheidenen, menschlichen Wirklichkeit zurück. Wir sind alle aus demselben brüchigen, so rasch modernden Stoff gemacht wie die Pflanzen in den Herbarien, die Wespen in ihren Glaskästen, und mit vergilbenden Tinten schreiben wir die Blätter unseres Lebens. Was uns auf diese Pilgerfahrt getrieben hatte, was ich hier in Sérignan, im ‚Harmas', suchte, ich hätte es gewiß nicht einmal richtig zu erklären gewußt. Wie so manchmal in meinem Leben, so ging es mir offenbar auch hier: ich mußte etwas unternehmen, um den Sinn des Unternehmens zu begreifen.

Es herrschte ein eigentümlicher Geruch in diesem Raum; er mochte von den nun schon beinahe hundert Jahre alten Dingen herrühren, den Sammlungen, den Büchern, nicht moderig, nicht unangenehm – vertraut, möchte ich sagen. Das vielleicht hatte ich gesucht: einmal auf dem Boden zu stehen, auf dem Fabre gestanden hatte, einmal mit scheuen Fingern die Gegenstände berühren, die er benützt hatte, einmal mit meinen Augen aus diesen zwei Fenstern seines «Laboratoriums» hinaus in die Kronen der Platanen, in den ‚Harmas' hinab sehen. Alle die Gegenstände, die ich wiedererkannte, weil sie alle einmal irgendwo, auf einer der Seiten der Souvenirs, erwähnt worden waren, ich fand sie hier wieder, wirklich, und doch nicht völlig wirklich, denn sie waren, so armselig, so brüchig sie auch sein mochten, von einer magischen Aura umgeben. Und immer war es auf eine nicht zu erklärende Weise möglich, daß sie bereits einem Mythos angehörten.

Aber daß ich nun vor diesem Manne stand, vor einem Monsieur Fabre, dem Sohne – vor ‚Petit-Paul' der Souvenirs –, es kam mir vor, als wäre ich auf einmal wie durch ein Kettenglied mit dem Großen persönlich verbunden, und auf eine andere Weise als über den Geist.

Der Sohn Jean-Henri Fabres hatte mir zwar nichts anderes zu geben als ein Billet des «Muséum National d'Histoire Naturelle, 100 F, Plein Tarif», aber ich empfing es dennoch wie eine Botschaft des Vaters über das Grab hinaus.

Im Erdgeschoß des Hauptbaus, im Wohnzimmer der Familie Fabre, mit dem runden Tisch und der Petroleumlampe darüber, dem kleinen Harmonium in der Ecke – «rien n'a été touché» erläuterte Monsieur Paul –, erkannte ich durch die Scheiben des kleinen Bücherschrankes das Werk, das Fabre früh, als armer Schullehrer, unter Aufopferung ganzer Monatssaläre erworben hatte, die «Histoire Naturelle des Animaux Articulés», von Castelnau, Blanchard et Lucas, neben den «Mémoires» des großen Réaumur und den goldgepreßten Kalbslederbänden von Buffons «Insectes».

Nachher schritten wir, meine Frau und ich, so wie wir vor mehr als zwanzig Jahren nebeneinander durch das Riedland am Obersee gegangen waren, durch den stillen ‚Harmas'. Zwar waren die Wege von Unkraut überwuchert, doch man konnte auf ihnen gehen, die Sträucher waren zurückgeschnitten. Der Ginster blühte, ein Kirschbäumchen stand voll praller Früchte, der Pittosporum duftete; Palmen, Föhren, Zypressen, Bambus, Buchs, Feige – wir fingen an, nach alter Gewohnheit, ein wenig Inventar zu machen unter der Flora, aber schließlich standen wir dann nur noch still herum.

Die Insekten waren alle da, die Wespen, die Bienen, die Tausendfüßler, und da sie keine Persönlichkeit haben, so konnte man sagen, sie waren nach fünfzig Generationen die gleichen noch, über die Fabre sich hinabgebeugt hatte.

Wir möchten nun, sagten wir zu Monsieur Paul, noch die Stätte aufsuchen, wo sein Vater ruhe, den Friedhof von Sérignan. Er trat mit uns vor das grüne Türchen und wies uns den Weg: geradeaus, bis zur Gabelung, und dann die Route départementale N° 43 nach Piolenc, «wären nicht die Weinberge, Sie könnten quer über die Felder gehen».

Dann waren wir plötzlich allein unter dem hohen, 'blaßblauen Himmel der Provence. Kein Mensch war mehr zu sehen. Alle Geräusche, die wir hörten, kamen vom nimmermüden Winde, dem Mistral.

> *... Tag und Nacht irrt er*
> *von Pinie zu Pinie,*
> *von Rebe zu Rebe*
> *mit seiner wilden Liebkosung ...*

zitierte ich einen Vers der lieben Poetin, die neben mir ging. «Sainte-Cécile-les-Vignes, sieh, welch ein schöner Name», sagte sie und zeigte auf die Tafel am Straßenkreuz. Seitlich am Wege fanden wir noch ein Stück unbebautes Land, einen richtigen ‚Harmas‘, wie er einst in der Umfriedung gewesen war, die wir eben verlassen hatten. Hier wucherten und blühten sie noch, die Disteln und Centaureen Fabres, und Bienen und Wespen wühlten in den blauen Nadelkörbchen. «Schau, der Monet blüht», rief meine Gefährtin, und wir mußten beiden lachen ob des unbeabsichtigten Wortspiels.

233

Es ist wahr, ich bin in der Betrachtung Frankreichs, sei ich in Paris oder weile ich hier unten in der Provence, endgültig bei den Impressionisten stehengeblieben. Ich kann es mir nicht vorstellen, daß man dieses Land anders sehen kann, als es diese Maler gesehen haben, ja, ich schrecke nicht davor zurück zu sagen, sie, Cézanne, Monet, Siseley, Manet und wie sie alle heißen, hätten dieses Bild Frankreichs, das wir lieben, geschaffen. Sie haben uns gelehrt, wie man es sehen und verstehen muß. Ich kann Frankreich nie mehr anders als mit den Augen dieser Maler sehen. In einem flachen Weinberg gingen zwei Männer herum und köpften mit Sicheln die wilden Triebe.

Der Friedhof liegt zur rechten Hand; er ist einer jener Gottesäcker, wie man sie überall findet in den lateinischen Ländern. Als wir das schwere, eiserne Tor aufgestoßen hatten, standen wir in einem steinernen Totenstädtchen; unter der steil stehenden Sonne flimmerten die gebleichten Steine. Kein menschliches Wesen war zu sehen, keine Blume, keine Pflanze. Langsam schritten wir den Monumenten entlang; irgendwo in der Stille klirrte ein blecherner Kranz.

Das Grabmal der Familie J.-H. Fabre liegt an der westlichen Mauer: ein hoher Stein, von einer Urne gekrönt und von einem eisernen Gitter umzäunt. Wir legten ein paar Mohnblumen auf die kahle Platte.

Auf der linken Seitenwand des Grabmals stehen eingemeißelt die Worte:

MINIME FINIS, SED LIMEN VITAE EXCELSIORIS
(Der Tod ist kein Ende, sondern die Schwelle eines höheren Lebens)

und auf der rechten Seite:

QUOS PERISSE PUTAMUS PRAEMISSI SUNT

(Jene, die wir verloren glauben,
sind uns vorangegangen)

Wir standen eine Weile dort, in der grellen Sonne, und dann vernahmen wir aus den Feldern jenseits der Mauer das nie abbrechende Zirpen der Grillen, von dem der, der hier ruht, gesagt hat, er finde keinen anderen Grund dafür als die «joie de vivre», die Lebensfreude der Kreatur.